Collection *Philosophies*
sous la direction d'André

CRITON de PLATON

André Carrier
Pierre Després
Ginette Legaré

nouvelle traduction de Georges Leroux

CEC
LES ÉDITIONS CEC INC.

8101, boul. Métropolitain Est, Anjou, Qc, Canada H1J 1J9
Téléphone: (514) 351-6010 Télécopieur: (514) 351-3534

Directeur de l'édition
Alexandre Stefanescu

Directrice de la production
Lucie Plante-Audy

Directrice de la publication
Monique Labrosse

Réviseur linguistique
François Morin

Correctrice d'épreuves
Audette Simard

Conception et réalisation graphique
Typo Litho composition

Page couverture
Conception et réalisation graphique : Michel Allard

Les auteurs tiennent à remercier Alexandre Stefanescu
pour sa compréhension du projet d'enseignement
de la philosophie et pour son soutien.

8101, boul. Métropolitain Est
Anjou (Québec) H1J 1J9

Dépôt légal : 2e trimestre 1996
Bibliothèque nationale du Québec
Bibliothèque nationale du Canada

ISBN 2-7617-1299-4

Imprimé au Canada
1 2 3 4 5 00 99 98 97 96

Présentation de la collection

La collection *Philosophies vivantes* s'adresse aux étudiantes et étudiants des collèges québécois. Soucieuse de rencontrer les exigences ministérielles de formation générale, cette collection réunit des textes philosophiques d'hier et d'aujourd'hui, rendant compte de l'histoire de la pensée dans ses diverses manifestations. La connaissance de la philosophie et une relation vivante avec le savoir en constituent les visées premières. Elle favorise donc la méditation des œuvres pour leur apport à une réflexion libre et cultivée. Les textes, choisis pour leur intelligence des grands problèmes de l'existence, peuvent dès lors être fréquentés par les étudiantes et étudiants comme s'ils les pensaient eux-mêmes.

Du point de vue didactique, la collection *Philosophies vivantes* repose sur des principes que résume la thèse hégélienne selon laquelle il est impossible de philosopher sans contenus, de penser sans pensées, de concevoir sans concepts. Les uns et les autres doivent être appris :

> *Ce n'est pas seulement devenu un préjugé de la pédagogie – et ici d'une façon encore plus étendue – que lorsqu'on s'essaie à penser par soi-même, en premier lieu la matière n'a pas d'importance, et en second lieu le fait d'apprendre est opposé au fait de penser soi-même : alors qu'en réalité, la pensée ne peut s'exercer que sur une matière qui n'est pas un produit de l'imagination ou une représentation sensible ou intellectuelle, mais une pensée ; et qu'ensuite, une pensée ne peut être apprise que par le fait qu'elle est elle-même pensée*[1].

Cette collection sera vivante dans la mesure où elle suscitera l'intérêt des professeures et professeurs, et sera soutenue par la curiosité de celles et ceux à qui l'on demande de s'élever au devoir de penser et à la responsabilité de connaître.

André Carrier
Directeur de collection

1. Hegel, « Lettre à von Raumer du 2 août 1816 », *Correspondance*, t. II, Paris, Gallimard, 1990, p. 93.

Avant-propos

La présente édition du dialogue *Criton* est la deuxième parution dans la collection *Philosophies vivantes*. Elle est présentée aux étudiantes et étudiants des collèges en vue de les mettre en contact avec une œuvre philosophique. Elle a aussi pour but de les former à la pensée rationnelle, car le *Criton* est un exemple de délibération et d'organisation de la pensée qui va des principes à leur application.

Dans ce dialogue, Platon rapporte l'entretien qu'eurent Criton et Socrate après que ce dernier eut été condamné à mort pour corruption de la jeunesse et impiété, à Athènes en 399 avant Jésus-Christ. L'enjeu de la discussion est le suivant : Socrate doit-il s'évader de sa prison puisque l'occasion lui en est offerte ?

Le *Criton* suscite l'intérêt par la profondeur du dilemme qu'il évoque entre le respect du devoir et la conservation de la vie. L'attachement aux principes adoptés et la fidélité aux engagements pris y sont proposés comme modèle. La valeur éducative du dialogue prend aussi pour appui la qualité de l'argumentation que Socrate oppose à Criton. L'œuvre illustre l'importance de la discussion rationnelle comme préalable à la conduite.

Ce dialogue offre une occasion privilégiée d'initier les lecteurs à la démarche socratique et de leur faire connaître les préoccupations philosophiques de Platon. Dans ce cadre, la philosophie, en Grèce antique, apparaîtra comme étroitement liée aux problèmes de la vie pratique et à des considérations morales et politiques.

S'associant à *Philosophies vivantes*, Monsieur Georges Leroux, professeur à l'Université du Québec à Montréal, a fait une traduction du dialogue qui lui conserve la fraîcheur de la discussion et la cohérence des arguments.

Quelques études se greffent à l'œuvre de Platon en vue d'en favoriser la compréhension. La première décrit le contexte historique d'Athènes au Ve siècle avant Jésus-Christ. Une autre section analyse la méthode par laquelle Socrate arrive à sa décision. Une présentation des sophistes et de Platon permet ensuite de saisir le débat d'idées qui animait la pensée grecque aux Ve et IVe siècles avant Jésus-Christ.

Le texte même du *Criton* est ponctué d'exercices destinés à en faciliter l'étude. On trouvera en fin de volume des explications de ces exercices et un corrigé partiel ; ce dernier sera complété dans un guide du professeur. S'ajoutent des repères chronologiques situant les personnes et les événements, un glossaire philosophique et un index. Des suggestions de lecture invitent à poursuivre la réflexion.

Puisse cette œuvre de Platon faire réfléchir au sens philosophique de l'engagement et rappeler que, si le souci de démontrer fait défaut et que nous ne prenons plus le temps de convaincre, la force et la violence peuvent toujours imposer leur autorité.

Les auteurs

TABLE DES MATIÈRES

Première partie

Deuxième partie

TROISIÈME PARTIE

ANNEXES

PREMIÈRE PARTIE

UNE CITÉ ET SES LOIS

LE PROCÈS DE SOCRATE

UNE CITÉ ET SES LOIS[1]

Prends la raison comme guide.
Solon

Avoir des convictions assez profondes pour rester respectueux des lois*[2] même quand on estime avoir été condamné injustement, ce n'est pas habituel. Refuser avec détermination de se soustraire à sa condamnation à mort pour ne pas désobéir aux lois de sa **cité** est un geste étonnant. Lorsque l'on voit un homme se situer au-dessus de ses intérêts personnels au point de refuser, à la veille de son exécution, l'évasion sans risques que lui propose son ami, on veut comprendre quels sont les motifs de cette **abnégation**.

Cité (n.f.)
En grec *polis*, mot servant à désigner un territoire qui possède ses propres lois, ses tribunaux, son gouvernement et ses dieux. Les mots « politique » et « police » viennent du grec *polis*, qui signifie « cité, ville » ; « acropole » vient de *akropolis*, « ville haute, citadelle » ; « métropole » vient de *mêtropolis*, « ville mère (par rapport à ses colonies) ou ville principale ».

Abnégation (n.f.)
Renoncement, sacrifice volontaire de soi.

Cet homme qui préfère s'en tenir fermement à ses principes et se soumettre aux lois d'Athènes même au prix de sa vie, c'est Socrate. Il a été condamné en ~399[3]. Ses amis étaient prêts à sacrifier leur fortune pour le sauver de la mort. Il les persuada que son devoir était de refuser leur offre.

Pour bien comprendre l'attitude de Socrate, il est utile de la situer dans un contexte plus large. Quelle est donc cette cité qui vaut que l'on meure pour elle ? Quelles sont donc ces lois que l'on respecte en dépit du fait que l'on soit injustement condamné ?

1. Cette partie s'inspire principalement de G. Glotz, *La cité grecque*, Paris, Albin Michel, coll. « L'évolution de l'humanité », 1975 ; J.-P. Vernant, *Les origines de la pensée grecque*, Paris, PUF, 1962, 1992 ; F. Chamoux, *La civilisation grecque à l'époque archaïque et classique*, Paris, Arthaud, 1965 et W. C. K. Guthrie, *Les Sophistes*, trad. J.-P. Cottereau, Cambridge, Cambridge University Press, 1971. Ont aussi été consultés : M. de Durand, *Précis d'histoire grecque*, Paris, Cerf, 1991 ; P. Lévêque, *La naissance de la Grèce*, Paris, Gallimard, coll. « Découvertes », 1990 et M. Meuleau, *Les Grecs*, Paris, Hachette Éducation, 1994.
2. Les mots suivis d'un astérisque sont définis dans le glossaire à la fin du manuel.
3. Le symbole ~ signifie « avant Jésus-Christ ».

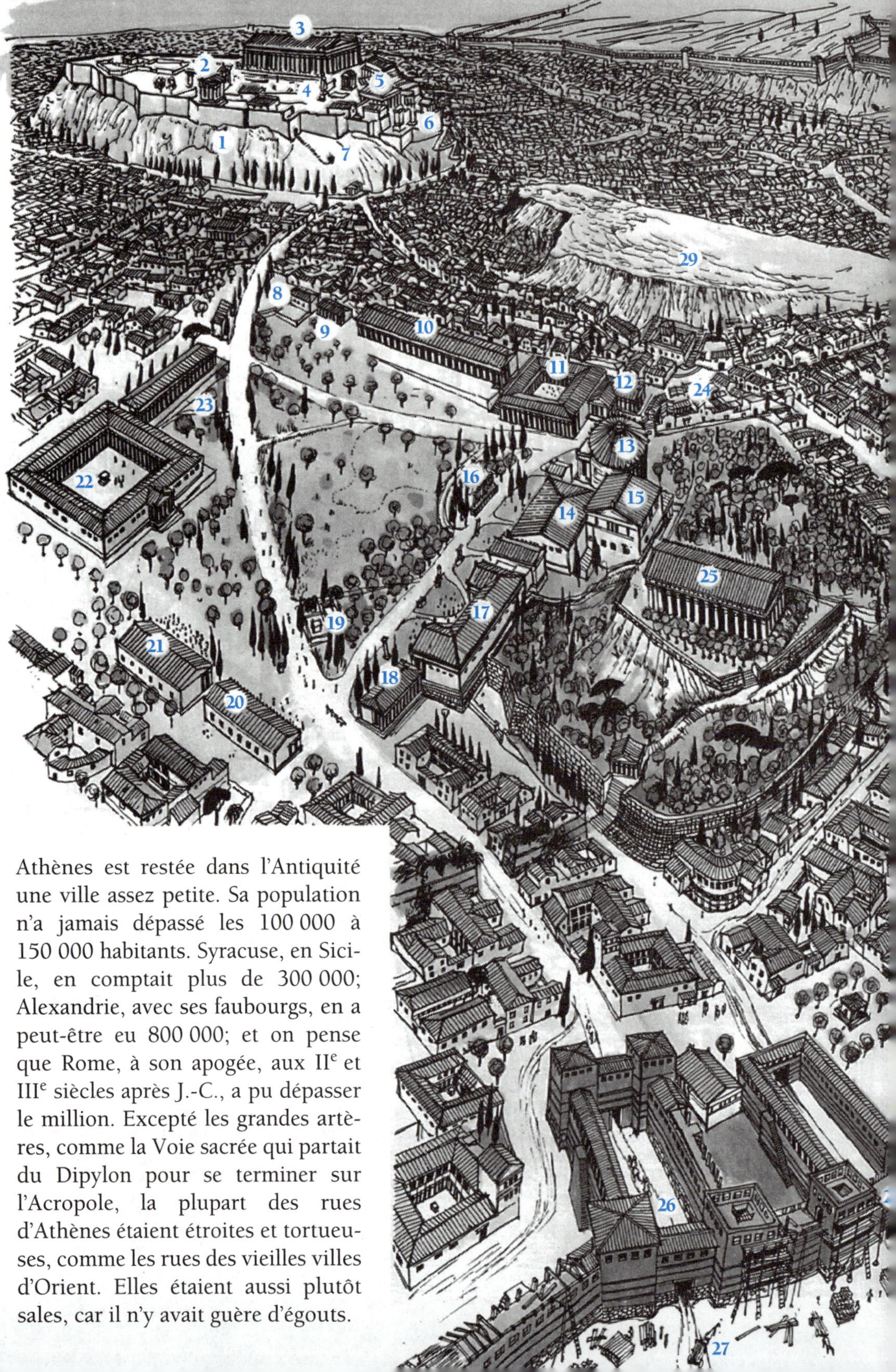

Athènes est restée dans l'Antiquité une ville assez petite. Sa population n'a jamais dépassé les 100 000 à 150 000 habitants. Syracuse, en Sicile, en comptait plus de 300 000; Alexandrie, avec ses faubourgs, en a peut-être eu 800 000; et on pense que Rome, à son apogée, aux IIe et IIIe siècles après J.-C., a pu dépasser le million. Excepté les grandes artères, comme la Voie sacrée qui partait du Dipylon pour se terminer sur l'Acropole, la plupart des rues d'Athènes étaient étroites et tortueuses, comme les rues des vieilles villes d'Orient. Elles étaient aussi plutôt sales, car il n'y avait guère d'égouts.

Athènes à l'époque classique

1. L'Acropole entourée de murs.

2. L'Érechthéion, temple consacré au culte d'Athéna, de Poséidon associé à Érechtée, d'Héphaïstos, de Cécrops et d'autres héros. Sur sa façade se trouvent des colonnes en forme de statues féminines : les caryatides.

3. Le Parthénon, temple d'Athéna Parthénos (la Vierge), protectrice de la ville. Il a été construit au milieu du Ve siècle avant J.-C. par Ictinos et Phidias.

4. Statue gigantesque d'Athéna Promachos (protectrice).

5. Les Propylées, porte à colonnes construite par Mnésiclès dans la seconde moitié du Ve siècle avant J.-C.

6. Temple d'Athéna Nikè, petit édifice élégant entièrement mis en pièces à l'époque turque et remonté pierre à pierre par les archéologues allemands.

7. Source sacrée. À l'époque préhistorique, elle devait fournir l'eau aux populations établies sur ce qui allait devenir l'Acropole.

8. Bâtiment dans lequel était frappée la monnaie.

9. Fontaine monumentale.

10. Stoa (portique) sous lequel se tenaient les marchés, devant l'agora, la place centrale de la ville.

11. La palestre, monument fermé, à colonnes, où s'exerçaient à la lutte les jeunes gens.

12. Autre fontaine monumentale.

13. Édifice circulaire à colonnade, appelé tholos, qui servait de prytanée, sorte d'hôtel de ville où se trouvait un autel de la déesse Hestia avec un foyer où brûlait un feu perpétuel; c'était un des centres spirituels de la cité.

14. Bâtiment où se réunissait le conseil (boulê) des chefs de la cité.

15. Nouveau bâtiment du conseil ayant remplacé le bâtiment précédent.

16. Statue des héros éponymes, ancêtres mythiques des Athéniens.

17. Stoa de Zeus.

18. Stoa Basileos (portique royal).

19. Téménos, l'enceinte sacrée des douze dieux, c'est-à-dire des douze principales divinités de l'Olympe.

20. Stoa des thermes.

21. Stoa Poikile. Ce portique est aussi appelé le Pœcile, ce qui signifie « peint de couleurs variées »; au Ve siècle avant J.-C., les plus grands peintres de la Grèce, Polygnote, Panainos, Micon, avaient couvert ses murs de peintures.

22. Cour de justice.

23. Il y avait là une stoa qui fut remplacée, à la fin du IIIe siècle avant J.-C., par une autre stoa, monumentale et pourvue d'un étage; elle fut offerte à la ville par le roi de Pergame, Attale, d'où son nom de stoa d'Attale. Les Américains qui fouillent l'agora ont entièrement reconstitué ce monument où est installé maintenant le musée de l'agora.

24. Dans ces bâtiments se trouvaient des bureaux administratifs dont l'exacte destination reste discutée.

25. Temple d'Héphaïstos, dieu des forges et des arts du feu. Il subsiste encore, bien conservé, sous le nom de Théséion. Au Ve siècle, la procession des Panathénées, dont il sera question plus loin, suivait la voie tracée au milieu de l'agora, qui conduisait jusqu'à l'Acropole. Aux époques suivantes, de nouveaux monuments furent construits sur l'agora, en particulier des stoas qui la coupèrent en son centre.

26. L'une des principales portes d'Athènes vers la mer, le Dipylon, ce qui signifie « double porte ».

27. Route conduisant vers les jardins d'Akadémios. Il y avait là un gymnase où s'exerçaient les jeunes gens; c'est dans ces jardins que Platon, au IVe siècle avant J.-C., donnait ses enseignements.

28. Porte sacrée. Au-delà de ces deux portes, se trouvaient deux des nécropoles d'Athènes. Celle du Dipylon remonte à l'époque dite géométrique (IXe-VIIIe siècles avant J.-C.). L'autre, celle du Céramique, date de l'époque classique; elle doit son nom au quartier voisin où s'étaient installés les potiers.

29. Colline de l'Aréopage. Elle était consacrée au dieu de la guerre, Arès. C'est là que se réunissait l'un des tribunaux du peule.

30. Colline des Muses ou Mouséion; c'est la colline où l'on peut voir actuellement le monument de Philopappos, bienfaiteur syrien d'Athènes, datant du début du IIe siècle de notre ère.

31. La Pnyx; sur cette terrasse en hémicycle, les citoyens d'Athènes se rassemblaient pour entendre les orateurs, élire les magistrats et participer au gouvernement de la cité.

1. La cité démocratique d'Athènes

Patrie (n.f.)
En grec, *patria gê*, « la terre des pères » ; *patriôs*, « selon la coutume des ancêtres » ; *patrônumikos*, « relatif au nom du père ».

Pour un Grec de l'Antiquité, la cité est la terre de ses aïeux ; elle est sa patrie. Elle est aussi la communauté à laquelle il appartient et dont il partage les coutumes, les croyances et les valeurs. Chaque cité se suffit à elle-même grâce à la contribution de ses occupants. Elle est en outre une garantie de protection ainsi que la gardienne des cultes.

La configuration d'une cité nous révèle les besoins et les intérêts de ses habitants. Elle est généralement construite autour d'une place haute, appelée acropole, et protégée par des remparts, car il y a entre les cités des guerres fréquentes. On y trouve des temples dédiés à des divinités protectrices.

Les gens se rencontrent sur la place publique, nommée agora. On y trouve le marché, des boutiques, les tribunaux et les édifices publics. Les principaux sont le prytanée, où sont logés les dirigeants de la cité, et le *Bouleutêrion*, où siège le Conseil (la *Boulê*). On tient à l'agora les assemblées du peuple[4].

Socrate vit à Athènes au ~Ve siècle. Sa cité est la plus importante avec Sparte, sa rivale. Elle se compose d'une agglomération urbaine, c'est-à-dire, à proprement parler, de la ville (*asty*) d'Athènes, qui donne son nom à la cité (*polis*)[5], et d'une région rurale qui comprend l'Attique jusqu'à son port, le Pirée. Comme les autres cités grecques, elle est de territoire modeste[6].

Démocratie (n.f.)
Du grec *dêmokratia*, de *dêmos*, « peuple », et *kratos*, « pouvoir ». Régime politique où la souveraineté est exercée par le peuple.

Athènes, au temps où y vit Socrate, est une démocratie. Les citoyens sont libres et ils gouvernent. Le pauvre et le riche ont des droits égaux[7] ; les charges sociales sont assumées par chacun selon ses capacités financières et l'administration est assurée par des citoyens dont le nom est tiré au sort.

4. Dans certaines cités démocratiques plus importantes, on aménage un lieu spécial pour les réunions du peuple, telle la colline de la Pnyx, à Athènes.
5. Selon Aristote, la cité est le résultat de l'union politique de plusieurs villages (*synœcisme*).
6. La cité d'Athènes s'étend sur 2 650 km^2, celle de Sparte occupe un territoire de 8 400 km^2. On peut établir des comparaisons avec des municipalités régionales de comté au Québec, par exemple celles de Kamouraska (2 250 km^2), des Laurentides (2 550 km^2) et de La Côte-de-Beaupré (4 900 km^2). On peut aussi comparer avec des régions administratives du Québec, par exemple l'Estrie (10 112 km^2) et la région du Lac-Saint-Jean (104 000 km^2).
7. Euripide, *Les Suppliantes*, 404.

LES INSTITUTIONS POLITIQUES

Les résidants d'Athènes ne sont pas tous citoyens. Sont athéniens et donc citoyens les habitants de l'Attique nés de père et de mère athéniens[8]. Au ~ve siècle, on en dénombre 160 000. Sont métèques toutes les personnes d'origine étrangère, au nombre d'environ 20 000. Le statut de citoyen leur est inaccessible. Des Grecs illustres furent des métèques ; qu'on pense au philosophe Anaxagore ou au médecin Hippocrate, ou encore au sophiste Protagoras. La majorité des résidants sont des esclaves. L'économie repose sur eux. Au nombre de 200 000 à 300 000, ils travaillent dans les ateliers, dans les mines ou comme domestiques[9].

La démocratie athénienne est donc limitée aux citoyens libres. Cependant, Athènes s'est dotée d'institutions politiques et judiciaires qui ont fait l'admiration des nations des siècles suivants. Nous décrirons ses principales institutions que sont l'Assemblée du peuple, son Conseil, sa magistrature.

L'Assemblée (Ecclésia)

L'Assemblée du peuple (l'*Ecclésia*) est le regroupement des citoyens. L'Assemblée régulière se tient sur la colline de la Pnyx, près de l'Acropole, et l'Assemblée plénière à l'agora, sur la place du marché.

Sont admis à délibérer aux assemblées les citoyens athéniens mâles et majeurs inscrits sur les registres qui leur garantissent le droit de cité. On estime qu'ils sont environ 40 000.

L'Assemblée régulière prend toutes les décisions concernant la cité. Les citoyens agissent au nom de tous, sans quorum déterminé, quel que soit le nombre de personnes présentes. Tous les citoyens ont le droit de s'exprimer et de suggérer l'adoption de lois. Le vote est pris à la majorité. Un cadran solaire scande les réunions. Les séances commencent tôt le matin après que des forces de police ont rabattu les citoyens vers l'enceinte à l'aide de cordes trempées dans du vermillon. Les retardataires, entachés, paient une amende. Des niches contenant des ex-voto et

Vermillon (n.m.)
Cinabre ou sulfure rouge de mercure réduit en poudre, utilisé en peinture.

Ex-voto (n.m.)
Objet portant une inscription pour l'accomplissement d'un vœu ou en guise de remerciement.

8. C'est Périclès qui institue cette loi.
9. Cela donne une population totale d'environ 400 000 habitants (à ne pas confondre avec la population de la ville même d'Athènes qui, ainsi que nous l'avons déjà dit, n'a jamais dépassé les 100 000 à 150 000 habitants).

Zeus
Dieu suprême du panthéon grec (panthéon : ensemble des dieux d'une mythologie, d'une religion). « Père des dieux et des hommes », selon Homère. Maître des phénomènes naturels, source de la lumière et de la foudre, garant de l'ordre social et arbitre de la justice.

Imprécation (n.f.)
Souhait de malheur contre quelqu'un.

Ostracisme (n.m.)
Bannissement de 10 ans prononcé à la suite d'un jugement du peuple.

Atimie (n.f.)
Mise au ban de la société avec perte des droits, adoucie par la suite en dégradation civique.

l'autel de Zeus rappellent l'aspect liturgique et solennel des réunions, qui s'ouvrent par une cérémonie dédiée aux dieux. Avant de délibérer, on leur fait un sacrifice. Le sang de porcs immolés sur l'autel sert à tracer un cercle sacré autour des participants. Une imprécation est prononcée contre quiconque chercherait à tromper le peuple. L'Assemblée peut être levée en cas d'orage, de tremblement de terre ou d'éclipse si l'événement est interprété comme un message de Zeus.

L'Assemblée plénière se réunit pour expulser un Athénien de la cité (ostracisme) ou pour conférer l'impunité ou la grâce, entre autres, dans les cas d'atimie. Comme la communauté se permet alors de transgresser le droit commun, le quorum est de 6000 citoyens qui doivent tous être d'accord[10].

Souveraine en politique et dans les affaires judiciaires, compétente dans les questions profanes et religieuses, l'Assemblée est le symbole même de la démocratie athénienne. Les attributs de sa souveraineté comprennent : (1) les relations extérieures, dont les décisions de paix et de guerre, le droit de conclure et de dénoncer les alliances[11] ; (2) le droit de faire les lois, qu'on appelle des décrets[12] ; (3) l'exercice du pouvoir judiciaire, surtout lorsque la politique est en cause[13] ; (4) l'autorité sur le pouvoir exécutif, soit le droit de nommer et de surveiller les magistrats[14], ainsi que le droit de recevoir les comptes.

10. Gustave Glotz et Mathieu de Durand ne concluent pas au même nombre de votes à réunir pour les mesures d'exception. Voir G. Glotz, *op. cit.*, p. 183-184, et M. de Durand, *op. cit.*, p. 164.
11. En matière de relations exérieures, les pouvoirs de l'Assemblée sont très étendus : elle décide de la paix, de la guerre, des alliances et des moindres négociations ; elle nomme les ambassadeurs, dicte leurs instructions et reçoit leurs rapports ; elle accueille les ambassadeurs étrangers, ratifie les traités ; elle décide aussi de la politique extérieure, dont les questions militaires et navales. Son autorité sur les chefs militaires est d'ailleurs renforcée par sa souveraineté judiciaire : elle peut les juger et les condamner.
12. Par scrupule religieux, l'Assemblée au ~Ve siècle n'abolit pas comme tel les lois pour en créer de nouvelles. Elle procède par décrets. Elle respecte ainsi les lois constitutionnelles mises en place depuis Dracon, Solon et Clisthène, tout en se permettant des modifications importantes.
13. L'Assemblée défère aux tribunaux du peuple ce qu'elle ne retient pas. Elle se réserve le droit d'intervenir dans les affaires où les intérêts de l'État sont en jeu ; ainsi en est-il du cas de l'*eisangélie,* accusation portée contre l'auteur d'une atteinte à la sûreté de l'État.
14. Neuf fois par an (quand change la direction du Conseil de l'Assemblée), les magistrats se font confirmer dans l'exercice de leurs fonctions et sont traduits devant les tribunaux s'ils n'obtiennent pas le vote de confiance. Le contrôle le plus sévère est celui qui s'exerce sur les chefs politiques et militaires, les stratèges. Périclès, réélu pendant 30 ans à la tête de la cité, n'échappe pas au jugement de l'Assemblée. Les fonctionnaires responsables des finances sont également sujets aux sanctions du peuple, à qui ils doivent rendre compte.

Le Conseil (Boulê)

Les décrets du peuple (du *dêmos*) réuni à l'Assemblée sont préparés par un Conseil (la *Boulê*)[15]. Au nombre de 500, les conseillers (les bouleutes), classés par tribus et par dèmes en proportion de la population de ces derniers, sont tirés au sort « par la fève » parmi les citoyens volontaires âgés de plus de 30 ans. Une légère indemnité leur est accordée et des privilèges, telles des places au théâtre. Ils doivent rendre compte de leurs paroles et de leurs gestes une fois l'année terminée.

Tribu (n.f.) Division (ethnique d'abord) de la population grecque.

Dème (n.m.) Division territoriale.

Le Conseil siège tous les jours, sauf les jours fériés ou néfastes, et ses séances sont publiques. Il est dirigé par une commission chargée des affaires courantes et de la préparation des travaux. Celle-ci est formée des prytanes, les membres de la tribu dont c'est le tour de diriger le Conseil[16]. Tous les jours est tiré au sort l'épistate des prytanes qui préside le Conseil et l'Assemblée, exerce le pouvoir suprême dans la cité et est en possession des clefs des temples où sont gardés les trésors, les archives et le sceau de la cité. C'est dire que tout Athénien moyen et honnête peut espérer être président d'un jour. Le Conseil s'adjoint aussi des commissions spéciales et des secrétaires archivistes. Ainsi en est-il de la commission des *syllogeis*, rassembleurs contrôlant les entrées à l'assemblée, ou des commissions chargées de l'administration maritime.

15. L'Assemblée s'oblige à ne délibérer que sur des projets (les *probouleuma*) du Conseil, si bien qu'une motion issue d'une initiative privée est déférée à ce dernier avant d'être votée. Mais le Conseil n'a pas de droit de veto. Il émet un rapport à conclusion favorable ou sans conclusion, ce qui n'est pas sans influencer l'Assemblée, qui garde ses prérogatives.

16. Les tribus, au nombre de 10 et comportant 50 délégués chacune, dirigent le Conseil à tour de rôle pendant un dixième de l'année. C'est par l'intermédiaire des prytanes que le Conseil se met en rapport avec l'Assemblée (qu'ils dirigent), les magistrats, les citoyens, les ambassadeurs et les hérauts (messagers) étrangers. La tribu qui exerce la prytanie engage sa responsabilité avec celle du Conseil. Chaque prytane est responsable de ses actes sans impliquer la responsabilité des autres. Les prytanes ont à leur service une force de police chargée de procéder à des arrestations, mais aussi de maintenir l'ordre au Conseil et à l'Assemblée. Ils logent à la *Skias*, une résidence aussi nommée la *Tholos* en raison de sa forme ronde, qui est voisine du *Bouleutèrion*, où siège le Conseil. Un autel y est élevé et les prytanes offrent des sacrifices pour le salut du peuple. Cette résidence n'est occupée que par une fraction des 50 prytanes puisqu'ils sont divisés en trois groupes (*trittyes*) qui, à tour de rôle, montent la garde.

Les magistrats

Quant aux magistratures chargées de l'exécution comme telle des volontés du peuple, elles sont de deux ordres : celles d'ordre gouvernemental et politique, et celles qui ont des fonctions purement administratives et subalternes[17].

Collège (n.m.)
Corps ou compagnie de personnes exerçant une même fonction.

Les magistratures sont des charges annuelles et s'exercent par **collèges** indépendants[18]. Tirés au sort, ou parfois élus à main levée selon que la charge demande un talent spécial ou une garantie de fortune[19], les magistrats sont au nombre de 10 par collège, soit un par tribu. Une fois qu'ils sont désignés, on scrute leur vie afin d'écarter « les indignes, les mauvais fils, les mauvais soldats, les mauvais contribuables, les citoyens frappés ou menacés d'atimie, tous les ennemis de la démocratie[20] ». On analyse aussi l'état de leur fortune s'ils doivent occuper une charge élevée ou relative aux finances de l'État. D'autres exigences s'attachent parfois à certaines magistratures : les archontes ne doivent pas avoir de défauts corporels; les stratèges doivent avoir des enfants nés d'un mariage légitime et posséder une propriété foncière en Attique. Au terme de l'année, les magistrats rendent compte de leur administration; chacun est responsable solidairement avec son collège et individuellement, sur ses biens et sur sa personne, de tout crime, délit ou faute commis dans l'exercice de ses fonctions.

Si les magistrats jouissent de certains privilèges, telles des places honorifiques au théâtre, dans les processions et dans les festins, aucun respect comme tel ne s'attache à leur personne : ils occupent, sans plus, une charge d'exécutant de la volonté du peuple, où chacun est appelé à être tour à tour gouverné et gouvernant. Il y a là un enjeu de la démocratie athénienne : l'égalité et la réciprocité dans les devoirs et les droits.

17. Les fonctions subalternes peuvent être confiées à des métèques et à des esclaves aussi bien qu'à des citoyens.
18. Quand des liens sont nécessaires, ils sont assurés par le Conseil.
19. C'est le cas, entre autres, des stratèges et des magistrats chargés de présider aux grandes fêtes, dont ils doivent relever l'éclat.
20. G. Glotz, *op. cit.*, p. 229. Voir aussi les pages 219 et suiv.

AIDE-MÉMOIRE

1. *Les principales institutions politiques d'Athènes sont l'Assemblée du peuple (l'*Ecclésia*), le Conseil (la* Boulê *et les prytanes) et la magistrature.*
2. *L'Assemblée régulière du peuple se réunit à la Pnyx et prend les décisions politiques. La participation est obligatoire et tous peuvent s'exprimer. Le vote se prend à la majorité.*
3. *L'Assemblée plénière, réunie pour des cas exceptionnels, siège à l'agora.*
4. *Seuls les citoyens mâles et majeurs sont admis aux Assemblées.*
5. *Un Conseil (la* Boulê*) de 500 membres, représentatif de chaque tribu, prépare les décrets qui seront soumis à l'Assemblée.*
6. *Une commission composée des prytanes dirige le Conseil. Les représentants des tribus exercent cette fonction à tour de rôle pendant l'année.*
7. *Les magistrats sont tirés au sort ou élus à main levée. Peu de privilèges s'attachent à leur charge et ils doivent rendre des comptes à l'Assemblée du peuple.*

L'ADMINISTRATION DE LA JUSTICE

Les procès, qui sont **contradictoires**, sont introduits par des procédures religieuses. Celles-ci ont pour fonction d'attirer la protection des divinités, dont celle d'Athéna. On prononce une imprécation contre qui tromperait la cité. Le sacré est ainsi intimement présent dans la vie et sur la terre de la cité, où la loi elle-même garde le double aspect de loi divine (*thémiste*) et de loi humaine (*nomos*).

Contradictoire (adj.) Qui implique un débat ou une discussion entre parties opposées qui comparaissent.

Le tribunal populaire

Il n'y a pas de **ministère public** à Athènes. En conséquence, tout citoyen peut porter plainte s'il prétend qu'un geste a été commis contre l'ordre public ou l'intérêt commun[21]. Pour limiter les abus, il arrive toutefois que l'on impose une amende à l'accusateur[22]. En effet, un accusateur peut chercher à nuire à un adversaire politique, en l'accusant faussement de corruption ou de trahison, à faire chanter quelqu'un ou à le faire

Ministère public (n.m.) Direction des services judiciaires seule autorisée à porter plainte au criminel après dénonciation.

21. Dans les affaires privées, seule la personne lésée ou son représentant peut porter une accusation. C'est Solon qui donne à chacun le droit d'intervenir en justice en faveur de quiconque est lésé et de dénoncer l'injustice sans en être personnellement la victime.
22. *Apologie*, 36 *a*.

taire, ou encore à rançonner des personnes en vue. Les sycophantes, qui sont des dénonciateurs ou accusateurs de profession, prolifèrent.

Des magistrats président aux cours, mais ne sont pas juges. Le rôle de juge est exercé par de simples citoyens, qui rappellent nos jurés. Les débats ne durent qu'une journée, d'où le nom d'*Héliée* (*hélios*, « soleil ») donné à ce tribunal populaire qui ne fonctionne que du lever au coucher du soleil. Les membres qui siègent au tribunal, les héliastes, sont régulièrement au nombre de 501 au moment d'entendre une cause[23]. Ils sont tirés au sort chaque année et reçoivent une indemnité, le *misthos*[24]. Les héliastes prêtent serment de juger selon les lois du peuple athénien, d'être impartiaux et de faire porter leur vote sur l'objet précis de la cause. La **jurisprudence** n'existe pas, sauf quelques références à des cas passés cités en exemples. Le vote est secret lorsque la vie ou la fortune de l'accusé est en jeu.

Jurisprudence (n.f.) Ensemble des décisions passées d'un tribunal, qui servent à juger.

Devant ces cours, on plaide en personne ; chacun doit parler pour son compte, sauf les incapables : femmes, mineurs, esclaves, affranchis et métèques (étrangers), qui sont représentés par leur tuteur légal, leur maître ou leur patron. Il n'y a donc pas d'avocats, mais on peut recourir à des rédacteurs de discours (les *logographes*) ou à des parents et amis pour les faire parler en son nom ou se faire corroborer (les *synègores*), à la condition toutefois de ne pas les payer. Le plaignant et l'accusé montent tour à tour à la tribune pour convaincre le jury. L'argumentation, devant des gens peu formés, adopte parfois des procédés qui ne concernent pas le fond du litige, mais cherchent à émouvoir, à flatter ou à faire rire. Après les plaidoiries, le jury passe au vote sans discussion. Il opte pour l'une ou l'autre partie par un coquillage ou un caillou qu'il dépose dans une urne. La décision est sans appel.

Après le verdict, il faut établir la peine si elle n'est pas déjà fixée par la loi. Dans un procès comme celui de Socrate, l'accusateur et l'accusé proposent chacun une peine, et les juges choisissent l'une des deux. En principe, le jugement, expression de la volonté populaire, est irrévocable. Mais il peut être rescindé en matière criminelle : ce que le peuple a fait, il peut le défaire. L'Assemblée conserve sa **prérogative** suprême dans le domaine judiciaire comme en politique, soit un droit de grâce auquel on peut recourir après avoir obtenu une **immunité** réunissant au moins 6000 suffrages.

Prérogative (n.f.) Avantage, privilège attaché à une fonction.

Immunité (n.f.) Exemption accordée.

23. Les juges de Socrate seront ainsi au nombre de 501.
24. Cette mesure est instituée par Périclès pour encourager la participation des citoyens.

L'Aréopage

Le tribunal populaire de l'Héliée, composé de simples citoyens, ne peut toutefois pas juger les causes de sang : le crime d'homicide menace la cité et est un attentat contre les hommes et contre les dieux. Ce crime sera jugé par des tribunaux quasi religieux que préside le chef des cultes nationaux.

De ces vieux tribunaux, l'Aréopage garde le plus grand prestige. Le recrutement de ses magistrats, **archontes** sortis de charge, est fait par tirage au sort[25]. Ce tribunal a des attributions de caractère religieux, dont la surveillance des domaines sacrés ainsi que la compétence en matière de sacrilèges et de meurtres ou autres crimes graves. Au-dessous de l'Aréopage siègent les tribunaux composés de juges spéciaux[26]. Ils remplacent l'Aréopage dans certains cas de meurtres, dont les meurtres involontaires ou excusables.

Archonte (n.m.)
Titre des magistrats qui gouvernaient les cités grecques.

Archontat (n.m.)
Dignité, charge d'un archonte qui est le magistrat principal d'une cité.

AIDE-MÉMOIRE

1. *Principalement, deux tribunaux rendent la justice à Athènes : le tribunal populaire et l'Aréopage.*
2. *Les particuliers peuvent porter des accusations contre leurs concitoyens.*
3. *Au tribunal populaire, les jugements sont rendus par 501 juges choisis parmi les citoyens selon leur appartenance tribale. Ils prêtent serment. L'accusé se défend seul. Après l'audition, les juges décident selon la majorité des voix. Ils rendent ensuite la sentence prévue par la loi ou l'une des deux sentences proposées par l'accusateur ou l'accusé.*
4. *L'Aréopage a des attributions religieuses et juge les crimes de sang. Les juges sont choisis parmi les archontes.*

25. Au ~Ve siècle, sous Périclès, dans la suite des réformes du démocrate Éphialte, toutes les classes sociales d'Athènes auront accès à l'archontat, alors qu'il avait d'abord été réservé aux seuls riches et nobles (élus et inamovibles).
26. Il s'agit des 51 éphètes institués par Dracon. Dracon est ce législateur qui, en ~621 ou ~620, oblige la partie lésée à s'adresser aux tribunaux. Il transfère ainsi la compétence de la justice athénienne à l'État. Il la retire donc aux familles par une loi écrite et affichée publiquement.

LES PRINCIPES DÉMOCRATIQUES

Les citoyens athéniens sont libres et égaux. Ce principe prend son sens dans le droit de parole, le partage des obligations et le respect de la loi.

À Athènes, chacun est admis à se faire entendre, à se faire une idée et à se prononcer par le vote ; même si tous ne parlent pas à l'Assemblée et cèdent la parole à de plus habiles qu'eux, même si les membres du Conseil ont plus d'influence, tous jouissent d'un droit égal à la parole (*isêgoria*).

Les citoyens admettent le principe du partage des responsabilités, ce qui implique une inégalité dans les charges : la classe démunie ne paie rien au fisc et ne fournit pas de matériel à l'armée, alors que les zeugites, classe plus fortunée, paient l'impôt de guerre ainsi que leur équipement d'**hoplite** ; les cavaliers assument les frais de leur monture et de leur armement, et s'acquittent des liturgies ordinaires ; la classe des riches et des nobles équipe et dirige les *trières*, navires de guerre à trois ponts de rameurs, fournit la cavalerie et se charge des grandes cérémonies religieuses, telles les Panathénées.

Hoplite (n.m.)
Soldat à pied pesamment armé.

La cité aussi assume des obligations : elle assure un service d'aide sociale, entreprend de grands travaux, facilite l'accès à la propriété des terres et subventionne, par la *misthophorie*, la participation des citoyens aux tâches publiques. Les humbles peuvent ainsi prendre part à l'exercice du pouvoir. En contrepartie, tous les citoyens ont envers la cité des obligations militaires et politiques.

L'exercice des droits démocratiques se fait dans le respect de la loi. Nombreux sont les Grecs qui estiment leurs lois au point de leur attribuer l'idée d'élévation morale et de vertu surhumaine héritée des siècles passés. Elles règlent la vie communautaire et tissent le lien moral entre les gens.

Aux ~V^e et ~IVe siècles, on fait souvent le procès de la démocratie. On lui reproche son mode de fonctionnement, où la consultation populaire est maîtresse et souveraine. On regrette le rôle qu'y joue la **démagogie**. Platon a des propos acerbes sur celle-ci : selon lui, la démocratie est un régime « distribuant aux égaux aussi bien qu'aux inégaux une manière d'égalité[27] ». On a des propos aussi durs chez Xénophon[28]. Et Socrate met en cause le fait que des décisions aussi importantes que les affaires de la cité puissent être confiées à l'opinion du grand nombre sans formation préalable.

Démagogie (n.f.)
Du grec *dêmagôgia*. Politique qui flatte la multitude.

27. Platon, *La République*, VIII, 558.
28. Xénophon, *La République des Athéniens*, I, 5.

Avec le recul du temps, il apparaît aujourd'hui que la démocratie athénienne, malgré ses principes de liberté et d'égalité, a connu ses misères, ses excès et ses exclus ; cependant, les institutions athéniennes sont, par certains aspects, un modèle encore inégalé et certains principes qui les sous-tendent sont les mêmes qui animent nos démocraties modernes.

AIDE-MÉMOIRE

1. *À Athènes, les citoyens sont libres et égaux.*
2. *Les principes d'égalité et de liberté prennent leur sens dans le droit à la parole, le partage des obligations et le respect de la loi.*
3. *Tous les citoyens ont droit de parole.*
4. *Les citoyens ont des responsabilités envers la cité. Ils se partagent les charges selon leur revenu. La cité assume aussi certaines responsabilités envers les citoyens.*
5. *L'exercice des droits démocratiques se fait dans le respect de la loi.*
6. *Les Athéniens ont, en général, un grand respect pour la loi. Les opinions divergent sur les mérites de la démocratie.*

2. LA VIE INTELLECTUELLE

Les lois athéniennes font obligation aux parents de faire éduquer leurs enfants. C'est en effet sur sa valeur intellectuelle et morale que ce peuple doit compter.

L'ÉDUCATION

Les garçons vont à l'école dès l'âge de sept ans. Ils y sont conduits par un esclave (pédagogue[29]) pour y apprendre d'un maître (grammatiste) les bases de l'éducation (*paideia*), soit lire, écrire, compter, chanter et jouer d'un instrument de musique. On enseigne aussi les poèmes d'Homère racontant les exploits des ancêtres lors de la Guerre de Troie. On lit les poèmes d'Hésiode racontant l'origine chaotique du monde et l'action unificatrice de Zeus, présentant le sens divin de l'univers ainsi

Homère
Poète d'Ionie, né à la fin du ~IXe siècle, à qui l'on attribue l'*Iliade* et l'*Odyssée*, la plus ancienne littérature grecque.

Hésiode
Poète grec (~VIIIe–~VIIe s.). Il a écrit *Les Travaux et les Jours* et *La Théogonie*.

29. Le mot « pédagogue », apparu au ~XIVe siècle, vient du grec *paidagôgos* qui signifie « esclave chargé de conduire les enfants à l'école ». Le mot « enfant » se dit *paidos* en grec.

Généalogie (n.f.) Suite d'ancêtres qui établit une filiation.

Labeur (n.m.) Travail soutenu, pénible.

que la **généalogie** des dieux, leur ascendant sur les humains et les idéaux de **labeur** attachés à la culture du sol.

Le jeune Athénien doit aussi prendre pour modèle son père et ses aînés afin de recevoir la vertu ou perfection humaine (*areté*) devant le préparer à être un homme dirigeant dans sa communauté. Par cette vertu, appuyée sur certains dons naturels et même divins, acquise par la culture ambiante et par imitation, la classe « supérieure » athénienne est ainsi censée comprendre la conduite des affaires et transmettre ce don à la génération suivante.

Bénévent. Tête d'athlète.
« Quand tu auras appris à obéir, tu sauras commander. » Solon.

Paris, Musée du Louvre. U.D.F. – La Photothèque

De 13 à 18 ans, les fils de familles plus riches poursuivent leur formation auprès de musiciens, de rhéteurs (professeurs d'éloquence) et de philosophes.

Les jeunes Athéniens cultivés suivent des leçons sur les nouvelles conceptions du monde issues des penseurs d'Ionie[30] au ~VIe siècle (les « physiologues » ou physiciens). Étudiant la nature (*phusis*), observant sa régularité et cherchant à expliquer le cosmos par des principes (*archê*) ou des éléments matériels à la source de tout, ils délaissent en cela les récits (poèmes) généalogiques reposant sur l'engendrement sexuel par des dieux. Ces leçons ne se donnent pas à l'école ; le jeune doit devenir disciple d'un maître dont il profite des enseignements. Ces maîtres sont soit des physiciens, soit des sophistes.

30. Il s'agit des penseurs de la colonie grecque de Milet, en Asie Mineure, où se situe le début de la philosophie et de la science grecques (ou helléniques). Ces physiciens ioniens marquants du ~VIe siècle sont Thalès de Milet (v. ~625 – v. ~546), Anaximandre (~610 – v. ~546) et Anaximène (v. ~550 – v. ~480).

La circulation des idées

Au siècle de Socrate, les idées d'Anaximandre, de Pythagore, de Parménide et d'Héraclite introduisent une nouvelle vision du monde. La pensée des sophistes est aussi très marquante.

Comme Thalès de Milet, Anaximandre cherche dans la nature l'explication des phénomènes. Par son caractère **profane**, sa recherche libère de la conception mythique[31]. Cette dernière divinise les astres et hiérarchise l'univers : le *haut* représente la supériorité divine et le pouvoir d'un élément sur un autre (*monarchia*), et le bas est réservé au monde infernal. Anaximandre présente plutôt un ordre naturel fondé sur des rapports d'égalité et sur une règle (*nomos*) de répartition juste entre les éléments ; de plus, il donne à voir (*theoria*) le monde en le représentant sur des cartes, en le géométrisant comme centre de l'univers ; il explique que la Terre ne tombe pas et que les hommes peuvent marcher sur son sol en sûreté puisque, tel le centre d'un cercle, dont les rayons sont égaux, elle est à égale distance des pourtours de l'univers, sans élément qui domine sur un autre[32]. Pour Anaximandre, la vie et la société ont des origines naturelles[33].

Profane (adj.)
Qui n'a pas un caractère religieux.

Les conceptions d'Anaximandre sur la nature sont pénétrées des valeurs d'égalité et de centre qui remplacent celles de hiérarchie et de suprématie ; ces valeurs ne sont pas étrangères à l'apparition et au développement des lois ainsi qu'à l'avènement de la démocratie[34]. Il est

31. Le mot « mythe » (*muthos*) nous vient des Grecs : il a d'abord le sens de « parole », de « récit » et ne s'oppose pas au *logos* dont le sens premier est aussi « parole, discours ». C'est dans le cadre des exposés (la prose écrite) philosophiques et des enquêtes (*historia*) historiques du ~Ve siècle que le *muthos* s'oppose au *logos* pour prendre la nuance péjorative d'assertion vaine, sans fondement faute de démonstration rigoureuse et de témoignage fiable. (Jean-Pierre Vernant, *op. cit.*, préface, p. IX, X.)
32. Anaximandre refuse d'attribuer à un premier élément le sens de principe (*archê*) explicatif des autres, qui les subordonnerait : il se différencie ainsi de son prédécesseur, Thalès, qui place l'eau comme premier élément du monde, et de son disciple, Anaximène, qui soutient que la Terre a besoin de reposer sur l'air qui la domine, comme l'âme domine le corps.
33. Anaximandre suppose une substance infinie qui est à l'origine de toutes choses (*apeiron*) et qui explique leur transformation. Il voit le temps comme un juge ou une loi suprême qui fait naître et disparaître toutes choses, les unes recevant ainsi des autres récompenses et châtiments.
34. J.-P. Vernant, *op. cit.*, p. 119-130. Werner Jaeger soutient une idée semblable de l'interférence entre les discours politiques et physiques quand il écrit que l'idée de justice (*dikê*) offre le vocabulaire le plus relevé pour parler de cette norme qui régit tout dans l'univers, jusqu'à la condition humaine. (W. Jaeger, *Lettres d'humanité*, t. VIII, « Éloge de la loi », Paris, Les Belles Lettres, 1949, p. 16.)

intéressant de voir que les mêmes valeurs traversent le discours politique, géométrique et physique.

Cette vision géométrique d'un univers situé dans un espace homogène fait de relations « réciproques, symétriques et réversibles » entre les éléments[35], cette nouvelle image du monde va, par exemple, au temps de Socrate, rejaillir sur la médecine d'Hippocrate décrivant la santé comme un équilibre (*isomoiria*) entre les éléments du corps, aucun ne devant dominer l'autre. Comme les maux de la société, la maladie serait perçue comme causée par l'excès, soit « l'action de prendre de plus en plus[36] ». Elle influencera aussi la pensée des « nouveaux physiciens », contemporains de Socrate, et dont il suivra parfois les enseignements[37].

Ce type de raison nouvelle se transposera en *mathêmatica* avec Pythagore (v. ~580 – v. ~500) (Grande-Grèce : Italie), qui soutient qu'à toutes choses correspond un nombre[38], que toutes choses sont chiffrables comme on peut dire nommables.

Cependant, Pythagore, qui invente le mot « philosophie » (de *philos*, « ami », et *sophia*, « sagesse, science ») pour désigner ses recherches, fait de cette dernière un savoir ésotérique, réservé à des initiés, qui se pratique dans des confréries fermées se confondant à des sectes religieuses. Il propose des règles de vie, un chemin d'ascèse, une voie de recherche intérieure ayant recours à des pratiques divinatoires, des pratiques d'extase, de séparation de l'âme et du corps. Il donne à la philosophie naissante une orientation qui ne la quittera plus et qui influencera Socrate, celle d'une sagesse privée, soustraite à la vie publique, partagée entre disciples, cherchant le salut dans la connaissance et la contemplation, prétendant transformer l'homme de l'intérieur et l'élever à une condition supérieure d'harmonie, de spiritualité, de divinité[39].

Hippocrate de Cos
Médecin grec (v. ~460 – v. ~380). Nous gardons de lui des traités et le *Serment* que prêtent les médecins.

Ésotérique (adj.)
Se dit d'une doctrine, d'un enseignement réservé aux seuls initiés.

Confrérie (n.f.)
Association pieuse, le plus souvent composée de laïcs.

Ascèse (n.f.)
Ensemble d'exercices physiques et moraux qui tendent à la libération de l'esprit par le mépris du corps.

Divinatoire (adj.)
De *divination*, art de découvrir ce qui est caché par des moyens autres que la connaissance naturelle, de deviner l'avenir par l'interprétation des présages et par l'explicitation des pressentiments.

Extase (n.f.)
État d'une personne en contemplation, transportée hors de soi et du monde sensible.

35. J.-P. Vernant, *op. cit.*, préface, p. II, III.
36. W. Jaeger, *op. cit.*, p. 17. La définition de la justice pour les Grecs est généralement « ce qui est égal » (*ison*).
37. Ces physiciens sont Anaxagore (v. ~500 – v. ~428), dont Socrate suit les leçons mais dont il se détache, Empédocle (v. ~494 – v. ~435) et Démocrite (v. ~460 – v. ~370).
38. Selon des hypothèses actuelles en histoire des mathématiques, il y aurait eu une mathématique à l'époque néolithique, soit entre ~3000 et ~2000 ; cette science se serait propagée en Europe centrale, en Grande-Bretagne, au Proche-Orient, en Inde et en Chine.
39. J.-P. Vernant, *op. cit*, p. 55-56.

Parménide[40], pour sa part, rejette les opinions d'Anaximandre. Il introduit au ~Ve siècle la logique du discours, qui devait permettre d'atteindre la vérité par l'enchaînement rigoureux des arguments. Entre la raison qui conclut que l'être ne peut changer – car cela introduirait illogiquement la négation de ce qu'il est en plaçant du non-être au sein de l'être – et les sens qui perçoivent du changement, Parménide choisit de s'en remettre à la raison. L'être ne peut pas ne pas être ni changer, en vertu de sa logique interne ; il dure sans devenir, sans passer. La loi de l'être fait que ce qui est a toujours été et sera toujours. Nous restons ainsi les mêmes malgré nos changements apparents[41]. Selon lui, ce que nous connaissons par les sens et les impressions est sans valeur puisque ce sont des maîtres de fausseté, d'erreur, d'approximation. Parménide introduit en philosophie le « rationalisme », selon lequel la raison est la source de toute connaissance.

Héraclite enseigne que tout change. Il affirme que ce devenir est principe et loi des phénomènes, démontrant que les qualités des choses évoluent en leur contraire, le chaud devenant froid, la vie s'effaçant devant la mort, l'ombre appelant la lumière. Une raison (*logos*) préside selon lui au changement et à l'univers, la pensée humaine obéissant à cette sagesse. Cet univers, il le voit comme indépendant des hommes, dont il dédaigne les sacrifices aux dieux en vue de modifier leur destin. Comme chez Anaximandre, il fait intervenir une justice dans l'univers. Il voit la raison à l'œuvre dans le monde comme une loi divine de laquelle dérivent les lois humaines dans toutes les cités et pour lesquelles les citoyens doivent combattre puisqu'elles sont leur rempart spirituel[42].

Étrangers à ces discussions sur la nature, mais non fermés à l'influence de Parménide, les sophistes se veulent des éducateurs. Ils enseignent de nombreuses matières et dispensent leur sagesse (*sophia*) dans les domaines de la conduite, de la politique et des arts (*technai*). Avec les sophistes, la philosophie participe aux controverses de l'agora et au débat contradictoire de la scène politique. Ils affinent les techniques de

40. Né en Grande-Grèce (de l'école d'Élée, en Italie du Sud), Parménide (v. ~544 – v. ~450) aurait été législateur de sa ville natale avant de gagner Athènes en ~504.
41. Adhérer à cette proposition nécessite que nous prenions conscience de ce qui dure au-delà des changements, au-delà des perceptions influencées par les apparences des choses et des personnes. Il nous faut raisonner pour atteindre la réalité.
42. Héraclite, frag. 32, 33, 44, 94, 114.

discussion et d'argumentation, prétendant parfois réformer la vie sociale au nom du savoir placé au-dessus de tout. Propagateurs de valeurs nouvelles, disputeurs critiques, les sophistes sont objets de réprobation : les tenants de la tradition les voient comme corrupteurs de la jeunesse ; ils sont qualifiés de beaux parleurs et de manipulateurs d'opinions ; on leur reproche d'être trop intéressés par les sommes d'argent qu'ils amassent pour leur enseignement.

S'il n'est pas déshonorant de se faire payer pour transmettre des savoirs comme ceux des arts et des techniques, les sophistes dérangent les Athéniens lorsqu'ils prétendent enseigner des sujets tels que la vertu. On n'aime pas que des étrangers – les sophistes ne sont pas des Athéniens – viennent bouleverser les valeurs traditionnelles de la cité. On accuse Socrate d'être un sophiste puisqu'il fait profession de philosophe, déambulant dans les rues d'Athènes et dialoguant en quête d'hommes sages. Pourtant, à la différence des sophistes, par souci de liberté, il refuse de se faire payer, allant jusqu'à nommer prostitution le fait de vendre son esprit.

Les sophistes ne forment pas une école ; leurs points de vue sont très diversifiés et de valeur inégale. Protagoras est le plus connu d'entre eux.

AIDE-MÉMOIRE

1. *Les lois athéniennes font obligation aux parents de faire éduquer leurs enfants.*
2. *Les travaux des physiciens ont marqué la conception grecque de l'univers.*
3. *Pythagore donne une orientation de sagesse intérieure à la philosophie.*
4. *Parménide introduit en philosophie le « rationalisme », selon lequel la raison est la source de toute connaissance. Il croit à la permanence de l'être.*
5. *Héraclite affirme que le devenir est principe et loi des phénomènes, qu'une raison (logos) préside au changement et à l'univers.*
6. *Les sophistes dispensent leur sagesse dans les domaines de la conduite, de la politique et des arts.*

---

3. UNE CITÉ GLORIEUSE

Athènes se retrouve souvent en guerre ; tantôt contre les Perses, tantôt contre sa voisine, Sparte. En effet, « […] on a calculé que, durant le siècle et demi qui va des guerres Médiques à la bataille de Chéronée, Athènes s'est trouvée en état de guerre, en moyenne, plus de deux ans sur trois, sans jamais avoir joui de la paix pendant dix ans de suite[43]. » Un peu avant la naissance de Socrate, elle a mené deux guerres contre l'Empire perse[44], les guerres Médiques, qui se déroulent de ~499 à ~479. Dans ce grand État oriental, un monarque absolu, de droit divin, assujettit les masses humaines, pour la grandeur, la richesse, la puissance de l'empire. Les Athéniens combattent pour « l'idéal juridique d'une cité composée d'hommes libres[45] ». Athènes sort victorieuse.

Quand elle refoule l'invasion du Grand Roi des Perses, Darius, à Marathon en ~490, Athènes conquiert un grand prestige dans le monde grec. Cette victoire, obtenue sans les alliés spartiates, retenus jusqu'à la lune suivante pour des raisons religieuses, atteste que l'invincible armée asiatique peut être battue par les hoplites athéniens.

Athènes continue de triompher, avec l'aide de Sparte, pendant la deuxième guerre Médique, quand les Perses, sous Xerxès, fils de Darius, réenvahissent la Grèce en ~480. Lors d'une bataille, 300 Spartiates restent sur place pour assurer la retraite des Grecs et sont massacrés[46]. Sur un tombeau érigé à leur mémoire est gravé : « Passant, va dire à Sparte que nous sommes morts ici pour obéir à ses lois[47]. » La bataille décisive s'engage à Salamine. L'habileté des manœuvres grecques à

Perse
Pays des Perses, c'est-à-dire la *Perside* des Grecs, aujourd'hui Fārs, une province du sud-ouest de l'Iran (120 006 km^2).

Médique (adj.)
Qui concerne les Mèdes et, par extension, les Perses.

Monarque (n.m.)
Celui qui détient seul le pouvoir dans un État, le plus souvent un roi héréditaire.

Marathon
Ancienne ville grecque à environ 40 km au nord-est d'Athènes. Le nom est employé pour désigner une des plus longues épreuves de course à pied en souvenir du soldat mort d'épuisement à son arrivée à Athènes, où il venait annoncer la victoire.

43. F. Chamoux, *op. cit.*, p. 141.
44. Athènes et Érétrie avaient soutenu la révolte des cités grecques d'Asie Mineure (Ionie) contre les Perses en ~499. Ils répliquent en envahissant la Grèce du continent.
45. F. Chamoux, *op. cit.*, p. 100. Xerxès croyait que les Grecs ne combattraient pas, car ils étaient inférieurs en nombre et n'avaient pas à leur tête un souverain. Démarate, le roi déposé de Sparte, lui fit comme réponse : « S'ils sont libres, ils ne sont pas libres en tout : ils ont un maître, la loi, qu'ils redoutent encore bien plus que tes sujets ne te craignent ; du moins font-ils tout ce que ce maître leur commande ; or, il leur commande toujours la même chose : ne fuir du champ de bataille devant aucune masse ennemie, mais rester fermes à leur poste, et y vaincre ou mourir. » (Cité dans W. C. K. Guthrie, *op. cit.*, p. 77.)
46. Il s'agit du passage stratégique des Thermopyles. Une obligation morale fait devoir aux Spartiates de mourir au combat plutôt que de revenir vaincus.
47. Il s'agit d'un épigramme (court vers) du poète Simonide (~556 – ~467). Celui-ci est un maître de l'ode triomphale ; il l'emporte sur Eschyle dans un concours pour la composition d'une élégie sur la victoire athénienne de Marathon ; il est le rival du poète Pindare. (F. Chamoux, *op. cit.*, p. 102.)

Périclès

Musée du Vatican, Rome
Publiphoto/Explorer

l'abordage met en déroute l'importante flotte perse enserrée dans la baie. Les Perses envahissent de nouveau l'Attique au printemps suivant. La bataille de Platées (sur terre) marque la fin de la menace perse. Athènes crée alors la Ligue défensive de **Délos**, fédérant sur une base volontaire les cités grecques d'Asie et de l'Archipel. Les Perses sont ensuite chassés de la mer Égée et les cités grecques d'Asie sont libérées de leur tutelle.

Périclès guide la destinée d'Athènes de ~461 à ~429 ; il est réélu stratège chaque année à partir de ~443. Sa beauté, son intelligence, sa culture, ses talents de stratège et son art oratoire séduisent les Athéniens. Le demi-siècle qui va de ~480 à ~430 est retenu par l'histoire sous le nom de *siècle de Périclès*. À son époque, la cité brille de tout son éclat ; les Athéniens, outre qu'ils occupent la première place militaire, politique et commerciale, deviennent inoubliables dans les domaines de la pensée, de la littérature et des arts. Grand centre d'échanges d'idées, de savoirs, de techniques et de biens, Athènes accueille les étrangers, même si elle ne leur reconnaît pas le statut de citoyen. Sous Périclès, elle transforme la Ligue de Délos en empire. Elle installe des colonies militaires et commerciales (*clérouquies*) dans des passages stratégiques, soutient des démocraties. Puis, au grand déplaisir des autres cités, elle transfère sur son acropole le trésor fédéral des cités membres de la Ligue, qui était gardé dans le sanctuaire d'Apollon, à Délos, lieu de vénération commune des Grecs. Ce trésor sert à financer l'embellissement et la construction d'édifices prestigieux de l'Acropole, pour la plus grande gloire de la ville. Le Parthénon est ainsi construit de ~447 à ~438. La seule statue d'Athéna Parthénos coûtera 700 talents, soit près de deux fois la valeur totale du tribut annuel des alliés[48].

Cette trop grande puissance d'Athènes suscite la méfiance des cités rivales. Sparte, cité militaire et aristocratique, repliée sur la terre et les traditions, où la royauté est maintenue, prend la tête de la contestation. Les ambitions d'Athènes en Grande-Grèce (Italie), la multiplication de ses interventions provoquent la guerre du Péloponnèse en ~431. Elle se termine en ~404 par la défaite d'Athènes. Socrate participe à la bataille de Potidée en ~430 comme hoplite ; il sauve Alcibiade, général

Délos
Île de Grèce. Lieu d'assemblées religieuses et de fêtes entourant le dieu Apollon, et grand centre commercial. Les accouchements et les enterrements sont interdits dans l'île pour des raisons de purification.

Acropole (n.f.)
Dans la Grèce antique, citadelle placée au sommet d'une ville.

Apollon
Dieu grec de la lumière. Il est vénéré dans les temples de Délos et de Delphes, où des prêtresses inspirées transmettent ses volontés aux hommes.

48. F. Chamoux, *op. cit.*, p. 114.

qui deviendra illustre tant par son courage que par sa trahison. Socrate est en outre partie prenante aux défaites de Délion en ~424 et d'Amphipolis en ~422. Les Athéniens remportent leur dernière victoire aux îles Arginuses en ~406. Au retour des généraux vainqueurs, Socrate, qui préside l'Assemblée populaire, s'oppose à ce que celle-ci les juge en bloc pour ne pas avoir relevé les blessés et les morts, et les avoir abandonnés sans sépulture en mer. Malgré son attitude conforme à la loi athénienne, il est pris à partie par la foule qui l'avise que ce que le peuple a fait, il peut le défaire puisqu'il est le seul maître.

La guerre prend fin par la reddition d'Athènes. Elle ne sera pas rasée comme le voudraient certains[49], mais ses murs seront détruits. Une commission formée d'Athéniens, les Trente Tyrans, est chargée de réformer la Constitution. Or, elle sera la plus sanguinaire des directions, faisant exécuter sous les ordres de Critias, ancien élève de Socrate et oncle de Platon, 1500 démocrates athéniens en l'espace de huit mois. La démocratie est rétablie par les armes : Critias, cet intellectuel brillant mais désaxé, trouve la mort au cours de la guerre civile opposant les gens (aristocrates) de la ville d'Athènes aux marins du Pirée.

Après le retour de la démocratie, Athènes connaît une période trouble. L'effondrement de l'empire et de sa gloire pendant la guerre du Péloponnèse s'accompagne d'une crise morale de l'autorité de la cité et de la loi. Le caractère fondamentalement civique de la vie en commun est traversé par des courants de pensée individualistes, quand ce n'est pas par des ambitions ouvertement personnelles de gens avides de pouvoir, d'argent et d'honneurs.

Cependant, nous retenons Athènes non pas pour ses exploits guerriers, mais pour sa démocratie, qui est un berceau de la pensée rationnelle, et pour ses lois. Ces dernières marquent la vie de tous et sont l'enjeu de débats philosophiques.

Athéna
Déesse grecque de la raison et de l'intelligence, protectrice d'Athènes, guerrière.

Tribut (n.m.)
Redevance que doit payer une cité vaincue au vainqueur.

Aristocratique (adj.)
Du grec *aristokratia*, de *aristos*, « meilleur », et *kratos*, « pouvoir ». Forme de gouvernement dans laquelle le pouvoir souverain, en général héréditaire, est détenu par un petit nombre de personnes.

Trente Tyrans
Nom donné aux membres du Conseil oligarchique (gouvernement du petit nombre) qui exerça le pouvoir à Athènes après la défaite de cette dernière contre Spartes en ~404.

49. Un impitoyable droit de la guerre existe entre cités. Il autorise le vainqueur sur la personne et les biens du vaincu : « Le vainqueur peut, sans manquer aux lois de la guerre, massacrer la population ou la réduire en esclavage, s'emparer de la terre ou détruire les récoltes, s'approprier les richesses mobilières, incendier les villages et les villes, sous la seule réserve de respecter les domaines sacrés pour ne pas irriter les dieux. » (F. Chamoux, *op. cit.*, p. 174.) Mais il existe aussi des lois grecques non écrites, sorte de principes généraux d'ordre moral, de coutume ou d'usage, obligeant à certains comportements, tel le fait d'ensevelir les morts, d'épargner les suppliants ou les prisonniers qui font reddition, de rester fidèle aux serments, de respecter ses hôtes. (Jacqueline de Romilly, *La loi dans la pensée grecque*, Paris, Les Belles Lettres, 1971, p. 38-43.)

Le Parthénon, sur l'Acropole, surplombe la vieille ville d'Athènes. Madeleine Maltais

AIDE-MÉMOIRE

1. *Les guerres Médiques confèrent à Athènes un grand prestige dans le monde grec.*
2. *Athènes est à la tête d'un empire, la Ligue de Délos.*
3. *Au temps de Périclès, Athènes devient un grand centre d'échanges d'idées, de savoirs, de techniques et de biens.*
4. *La trop grande puissance d'Athènes est à la source de la guerre du Péloponnèse, qui se termine par sa défaite.*
5. *Après la dictature des Trente, Athènes connaît une période trouble.*

4. LES LOIS

Les lois d'Athènes et sa démocratie font sa fierté. En fait foi l'oraison funèbre que Périclès prononce en l'honneur des premiers morts de la guerre du Péloponnèse[50] :

> La Constitution qui nous régit n'a rien à envier à celle de nos voisins. Loin d'imiter les autres peuples, nous leur offrons plutôt un exemple. Parce que notre régime sert les intérêts de la masse des citoyens et pas seulement d'une minorité, on lui donne le nom de démocratie. Mais si, en ce qui concerne le règlement de nos différends particuliers, nous sommes tous égaux devant la loi, c'est en fonction du rang que chacun occupe dans l'estime publique que nous choisissons les magistrats de la cité, les citoyens étant désignés selon leur mérite plutôt qu'à tour de rôle. D'un autre côté, quand un homme sans fortune peut rendre quelque service à l'État, l'obscurité de sa condition ne constitue pas pour lui un obstacle. Nous nous gouvernons dans un esprit de liberté et cette même liberté se retrouve dans nos rapports quotidiens d'où la méfiance est absente. [...] Mais, si nous sommes tolérants dans les relations particulières, dans la vie publique, nous évitons très scrupuleusement d'enfreindre les règles établies. Nous obéissons aux magistrats qui se succèdent à la tête de la cité, comme nous obéissons aux lois, à celles surtout qui assurent la protection des victimes de l'injustice et à ces lois non écrites qui attirent sur ceux qui les transgressent le mépris général[51].

Pour être reconnu citoyen et pour obtenir avec ce statut le droit de participer aux décisions politiques, il faut prendre des engagements sous serment envers sa cité à l'âge de 18 ans, au moment de devenir

50. Voici ce que raconte Thucydide à propos de la cérémonie entourant l'hommage aux morts : « Trois jours avant l'inhumation, on dresse une tente où sont exposés les ossements des morts et chacun apporte les offrandes de son choix à celui qu'il a perdu. Le jour des obsèques, un convoi de chars transporte les cercueils de cyprès. Il y en a un par tribu et les dépouilles des morts y sont placées selon la tribu à laquelle ils appartenaient. En hommage aux disparus, dont les corps n'ont pu être retrouvés, on transporte également un brancard vide, paré de draperies. Tous ceux qui le désirent, citoyens ou étrangers, peuvent se joindre au cortège. Les parentes des victimes assistent à la cérémonie et font entendre les lamentations usuelles auprès du tombeau. On dépose les restes des morts dans un monument élevé aux frais de la cité dans le plus beau faubourg de la ville. C'est toujours là qu'on enterre ceux qui sont tombés dans les guerres. » Thucydide, *Histoire de la guerre entre les Péloponnésiens et les Athéniens*, Livre II, 34, dans *Œuvres complètes*, texte présenté, traduit et annoté par D. Roussel, Paris, Gallimard, coll. « La Pléiade », 1964, p. 809-810.

51. *Ibid.*, 37, p. 811-812.

Éphèbe (n.m.)
Jeune garçon qui a atteint l'âge de la puberté. Du grec *ephêbos*, de *hêbê*, « jeunesse ».

éphèbe[52]. On peut présumer que Socrate a prononcé l'engagement solennel suivant pour être inscrit au registre civil de sa « circonscription » (*dème*) :

> Je ne déshonorerai pas ces armes sacrées ; je n'abandonnerai pas mon compagnon dans la bataille ; je combattrai pour mes dieux et pour mon foyer, seul ou avec d'autres. Je ne laisserai pas la patrie diminuée, mais je la laisserai plus grande et plus forte que je ne l'aurai reçue. J'obéirai aux ordres que la sagesse des magistrats saura me donner. Je serai soumis aux lois en vigueur et à celles que le peuple fera d'un commun accord ; si quelqu'un veut renverser ces lois ou leur désobéir, je ne le souffrirai pas, mais je combattrai pour elles, ou seul ou avec tous. Je respecterai les cultes de mes pères[53].

Après ce serment, au moment de prendre son armure, l'éphèbe reçoit son nom officiel, composé de son nom propre, du nom de son père et de celui de son dème dans la cité : par exemple, « Socrate, fils de Sophronisque, du dème d'Alopèce ». Le nom du père atteste l'importance des liens du sang et de la descendance pour obtenir la qualité de citoyen[54]. Mais il peut suggérer aussi que, au moment où son fils devient adulte, le père s'est acquitté de l'obligation que lui font les lois, depuis Solon, de veiller à son éducation[55]. Le dème, qu'il s'agisse d'un quartier urbain ou d'un canton rural, revêt aussi un caractère important parce que, depuis les réformes démocratiques de Clisthène, le pouvoir politique est organisé à partir de l'unité territoriale plutôt qu'à partir des familles. Le serment témoigne en outre du fait que les croyances religieuses sont intimement mêlées aux affaires civiles, si bien qu'un manquement aux unes le sera aux autres et rejaillira sur tous dans la cité. Les paroles prononcées signifient, de plus, l'engagement à défendre la cité et laissent entendre que « l'état de soldat coïncide avec celui de citoyen[56] », que la guerre est l'affaire de tous, qu'il n'y a pas d'armée de métier et que

52. L'institution de l'éphébie se présente sous la forme d'un service militaire obligatoire pour tous les jeunes Athéniens de 18 à 20 ans. Après quoi, ils restent mobilisables pour les besoins de la défense.
53. G. Glotz, *op. cit.*, p. 145. Il s'agit du serment tel qu'il est conservé sur une inscription du ~IVe siècle. Des femmes sont également engagées dès l'enfance dans des obligations religieuses envers l'État. Le chœur des Athéniennes dans *Lysistrata*, une comédie d'Aristophane, le rappelle.
54. Sous Périclès, le droit de cité est restreint aux seuls Athéniens nés de père et de mère athéniens. À l'origine de cette restriction, il y aurait les difficultés financières d'Athènes, qui paie ses citoyens pour leur participation aux affaires publiques. Ici comme ailleurs, les citoyens sont soucieux de leurs prérogatives civiques et n'en permettent l'extension aux étrangers qu'à titre exceptionnel.
55. Platon rappelle cette obligation dans le *Criton*, 49 *d*.
56. J.-P. Vernant, *op. cit.*, p. 57.

l'initiation guerrière se confond avec l'intégration sociale et l'éducation (*paideia*) dans les gymnases[57]. L'engagement témoigne en outre du consentement à respecter et à défendre les lois que se donne la cité[58].

L'admiration des Athéniens pour leurs lois doit être comprise à la lumière de l'histoire politique de leur cité. L'évolution d'Athènes jusqu'à la fin du ~VIe siècle a délivré les individus de la puissance personnelle des rois ou des chefs de famille (*patriarkhês*) pour transférer le pouvoir à la cité, qui devient une collectivité organisée et où tous sont régis par la loi. Cette transformation se fait sur plusieurs siècles.

L'AVÈNEMENT DE LA LOI

L'histoire de la Grèce remonte à la civilisation mycénienne. Un roi (*anax*) exerce alors son autorité sur la vie militaire, économique et religieuse. Il est associé à une puissante classe sacerdotale[59]. L'organisation sociale est la suivante : des guerriers occupent des terres privées aux abords du palais et forment une classe de dignitaires ; le peuple occupe et cultive les terres communes des villages ; ces derniers ont à leur tête un seigneur (appelé *basileus*), vassal du roi ; ce « roi » local est entouré d'un Conseil des Anciens (*gerousia*), sans doute formé des chefs des familles les plus puissantes[60].

Gerousia
Mot grec dérivé de *gerôn*, « vieillard », au pluriel « les anciens », d'où le nom de *gérontologie*.

L'invasion des Doriens vient renverser cet ordre ; quelques siècles plus tard, la cité décrite par Homère a remplacé le pouvoir de l'*anax* par celui des *basilei*, catégorie de « grands » exerçant des pouvoirs locaux. Deux forces sociales sont en présence : les communautés villageoises et l'aristocratie guerrière. Elles vont s'opposer avec violence.

En ce temps où les rois rendent justice, assistés et remplacés ensuite par les gérontes, les familles sont régies par un droit coutumier qui autorise la vengeance et la rend obligatoire dans les cas de meurtre. Il arrive que l'on demande aux rois d'arbitrer les conflits. Ils interprètent

Droit coutumier
(n.m.)
Droit non écrit, consacré par l'usage, la coutume, l'habitude et transmis de génération en génération.

57. J.-P. Vernant, *Mythe et société en Grèce ancienne*, Paris, François Maspero, 1974, p. 40-41.
58. « Du jour où l'éphèbe majeur prête le serment civique, il doit à la cité toutes ses pensées et son sang. » (G. Glotz, *op. cit.*, p. 38.) Voir aussi *Criton*, 51 *a* à *c*.
59. La Grèce de l'époque classique garde le souvenir de la fonction religieuse de la royauté : que l'on pense à l'archonte-roi, devant qui les plaintes sont déposées, comme ce fut le cas pour l'accusation portée contre Socrate.
60. Nous renvoyons particulièrement le lecteur à Jean-Pierre Vernant, *Les origines de la pensée grecque*, Paris, PUF, 1962, 1992, au chapitre intitulé « La royauté mycénienne ».

Thémistes
Formules ou principes sacrés qui règlent la vie sociale et politique.

alors les ***thémistes***, règles religieuses, d'après leur inspiration. Se développe ainsi une sorte de droit interfamilial. Cependant, les rois sont plus près de leur intérêt – Hésiode les qualifie de « mangeurs de présents » – que d'un souci de justice.

Les tensions s'exacerbent au ~VIIe siècle, quand le développement de l'économie commerciale, industrielle et monétaire, d'une part, crée de nouveaux riches que l'aristocratie doit intégrer et, d'autre part, aggrave la vie des classes inférieures. Les paysans paient cher ce qu'ils achètent en ville, alors qu'ils produisent à bas prix en raison de la facilité de commercer avec l'étranger. Ils sont souvent conduits à contracter des dettes à haut taux d'intérêt. Les prêts les rongent et, devenus insolvables, ils sont vendus comme esclaves avec leur famille ou gardent leur terre en donnant comme redevances les cinq sixièmes de leur récolte. En ville, les artisans, les ouvriers et les marins voient leur revenu menacé par la présence d'esclaves. Ces artisans, comme les paysans, cherchent à satisfaire leurs aspirations. Participant comme *hoplites* aux guerres entre familles et entre cités, ils deviennent conscients de la dépendance des aristocrates à leur égard. Ainsi : « Indispensables pour la guerre, les hommes savent réclamer bientôt leur part de responsabilités politiques. Le principe de beaucoup de réformes ultérieures est là[61]. »

La recherche d'équilibre fait naître du sein même des tensions sociales une réflexion morale et politique qui définit une première forme de sagesse. Cette *sophia*, apparue au ~VIIe siècle et poursuivie au ~VIe siècle, s'attache à des personnages légendaires que l'on nomme les Sept Sages. Ils œuvrent à comprendre les hommes et leur déchirement. Ils cherchent des voies pour apaiser les conflits. Ils contribuent à redéfinir les termes du pouvoir et propagent des conseils moraux[62]. Ils

61. F. Chamoux, *op. cit.*, p. 80.
62. Parmi les Sept Sages de la Grèce, on note des tyrans et des mages. On note aussi le savant Thalès de Milet et le législateur athénien Solon. Nous retenons d'eux une série de préceptes moraux. Thalès, qui est aussi conseiller politique (Hérodote, I, 170), émet, entre autres, les conseils suivants : « Fais des promesses, la faute n'est pas loin. », « N'embellis pas ton extérieur ; c'est par ton genre de vie qu'il faut t'embellir. », « Rejette tout ce qui est malhonnête. », « Les bons offices que tu auras accordés à tes parents, attends-toi à les recevoir, dans ta vieillesse, de tes enfants. », « L'ignorance est un lourd fardeau. », « Cache ton bonheur, pour éviter de provoquer la jalousie. », « Si tu commandes, gouverne-toi toi-même. ». Solon est également retenu pour des maximes telles que : « Rien de trop. », « Ne siège pas comme juge, autrement tu seras haï de celui que tu auras fait condamner. », « Scelle tes paroles par le silence et le silence même par les circonstances. », « Ne t'empresse pas trop d'acquérir des amis ; quand tu en possèdes, ne les repousse pas après épreuve. », « Quand tu auras appris à obéir, tu sauras commander. », « Si tu juges bon que les autres te rendent des comptes, consens à en rendre toi aussi. », « Quoique tu saches, consens à te taire. ». Jean Voilquin, *Les penseurs grecs avant Socrate, de Thalès de Milet à Prodicos*, Paris, Garnier-Flammarion, 1964, p. 25, 27.

élaborent une nouvelle éthique sociale marquée par la retenue et la modération en limitant l'éclat de la richesse. Ils imposent aussi un ordre politique ou empruntent la voie du droit par la codification de lois que permet la diffusion de l'écriture. L'âge archaïque en Grèce est l'âge d'or des législateurs et celui des premiers tyrans.

Dès le milieu du ~VIIe siècle et durant tout le ~VIe siècle, des mouvements populaires dans toute la Grèce portent au pouvoir des tyrans. « Abaisser l'aristocratie et relever les humbles : tel est le principe général qui guide les tyrans[63]. » Le peuple a recours à eux quand les oligarques refusent toutes concessions. Les tyrans ont le souci d'améliorer la condition matérielle des gens. « Mais ce régime ne dura nulle part. Après avoir rendu les services que les classes populaires en attendaient, lorsqu'il eut puissamment contribué à la prospérité matérielle et au développement de la démocratie, il disparut avec une étonnante rapidité[64]. » Les tyrans, ayant trop de pouvoir, se durcissent souvent contre la population. Mais la tyrannie, malgré son caractère rude et souvent excessif, marque une étape dans l'avènement de la démocratie, particulièrement à Athènes.

Tyran (n.m.)
À l'origine, tout personnage investi du pouvoir suprême, ce qui l'identifie au roi (*basileus*). Ce titre prend ensuite un sens péjoratif : il désigne celui qui exerce le pouvoir de manière oppressive après s'en être emparé par la ruse ou la force.

Oligarque (n.m.)
Membre d'une oligarchie (du grec *oligarkhia*, « commandement de quelques-uns »), régime politique dans lequel le pouvoir est aux mains d'un petit nombre d'individus ou de familles.

Plutôt que de voir s'établir des tyrans, il arrive que les groupes en conflit s'entendent pour remettre le pouvoir à des personnes chargées d'établir des lois auxquelles ils acceptent de se soumettre :

> La lutte contre les privilèges de l'aristocratie – privilèges politiques, judiciaires et fonciers – conduisit souvent à concentrer les pouvoirs entre les mains d'un homme. Quand il s'agit d'un arbitre désigné par les groupes sociaux en conflit, cet homme revêtu d'une autorité exceptionnelle donne à la cité des lois que les partis s'engagent à respecter. L'âge archaïque en Grèce est l'âge d'or des législateurs. Ce peut être un étranger auquel on fait appel à cause de sa réputation de sagesse ou parce qu'on espère qu'il saura mieux faire preuve d'impartialité s'il n'est pas mêlé de naissance aux conflits locaux[65].

Portées à la connaissance de tous et sanctionnées par la cité, ces lois fixent les droits et les devoirs de chacun tout en soutirant à jamais

63. G. Glotz, *op. cit.*, p. 121. Il y aurait un lien de cause à effet entre l'enrichissement par l'artisanat ou le commerce et l'avènement de la tyrannie. La carte des ports correspond à celle des cités où l'on trouve des tyrans. François Chamoux cite ici Thucydide : « En général, la tyrannie s'établit dans la cité quand les revenus s'accrurent. » (*Op. cit.*, p. 81.)

64. G. Glotz, *op. cit.*, p. 124.

65. F. Chamoux, *op. cit.*, p. 80.

aux familles la faculté d'interpréter les formules « sacrées » qui doivent régler la vie sociale. Ces lois écrites mettent les individus sous la juridiction de la cité. Les lois gardent par ailleurs un caractère sacré, codifiant d'abord la coutume.

À Athènes, les principaux législateurs à intervenir sont Dracon et Solon. Les Constitutions seront, à leur suite, réformées par Clisthène, Éphialte et Périclès.

AIDE-MÉMOIRE

1. *L'histoire de la cité remonte à la civilisation mycénienne : un roi exerce une autorité absolue.*
2. *Après l'invasion des Doriens, le pouvoir des rois passe aux* basilei *(rois locaux) et aux grandes familles.*
3. *À partir du ~VIIIe siècle, une réflexion morale et politique amène une première forme de sagesse ainsi que l'apparition des tyrans et des législateurs, qui marqueront une étape dans l'avènement de la démocratie, particulièrement à Athènes.*

QUELQUES LÉGISLATEURS

Dracon

Dracon
Législateur athénien dont le nom a donné l'adjectif *draconien*, qui signifie « d'une excessive sévérité ».

À la fin du ~VIIe siècle, **Dracon** est chargé à Athènes de réformer la justice. Il fixe pour la première fois le droit attique en lois écrites et remplace les vengeances privées par le recours légal devant les tribunaux de la cité. Il préconise la responsabilité personnelle en distinguant le meurtre volontaire et l'homicide involontaire. La sanction des crimes ne rejaillit plus sur l'ensemble de la famille, mais sur le seul coupable. Bien qu'elle perde le droit de se faire justice, l'aristocratie terrienne garde ses autres privilèges. Dracon laisse un nom redouté : un orateur dit de ses lois qu'elles étaient écrites avec des « lettres de sang ». Cependant, le peuple accepte ces lois, car elles le protègent contre le droit coutumier des familles.

Solon

En ~594 et ~593, Solon, poète, commerçant et homme politique, est élu archonte et investi des pleins pouvoirs par deux partis qui s'affrontent. Arbitre, telle une borne entre les Eupatrides (nobles) et les petits propriétaires dépossédés et menacés d'esclavage, il résout la crise en annulant les dettes des paysans et leurs effets, soit la réduction à l'esclavage (la contrainte par corps) et la confiscation du patrimoine (l'hypothèque), et en accordant l'amnistie politique. Il réduit le pouvoir des familles, leur interdit de manifester leur richesse et leur puissance à l'occasion des funérailles[66]. Il limite la puissance paternelle. Il favorise le morcellement de la grande propriété en permettant de disposer du sol par la liberté de tester, par l'extension du droit de succession aux filles et aux enfants naturels, et par la constitution de dots.

Des mesures économiques favorisent l'agriculture et stimulent le commerce ainsi que l'industrie en encourageant les métiers[67]. Des mesures d'ordre politique sont également introduites par Solon. Il accorde le droit de vote et l'égalité de toutes les classes dans l'Assemblée du peuple. Il institue un Conseil (*Boulê*). Il crée un tribunal populaire, l'Héliée, dont les membres sont pris parmi tous les citoyens et qui jouera ultérieurement un rôle essentiel dans la démocratie athénienne. Il permet à tout citoyen de poursuivre en justice même s'il n'est pas personnellement lésé par le crime, car ce dernier concerne l'ensemble de la cité. Solon est l'un des Sept Sages de la Grèce antique.

Le tyran Pisistrate

Une partie des bases de la future démocratie est ainsi établie par Solon. Mais la paix n'est pas ramenée pour autant. Trois partis s'affrontent maintenant, ayant chacun à leur tête une grande famille : les riches propriétaires des plaines, les marins et les pêcheurs de la côte, et les petits paysans de la montagne. Ces derniers l'emportent, représentés par le tyran Pisistrate en ~561, noble qui installe la tyrannie et la transmet à ses fils Hipparque et Hippias, qui l'exercent jusqu'en ~510.

Pisistrate a de la sympathie pour les petits propriétaires ruraux : il favorise par divers moyens la formation d'une classe paysanne indépendante et stable. Il partage donc les terres en friche et les domaines confisqués aux nobles pour les redistribuer. Il favorise le commerce maritime. Il élève l'idéal de cette « démocratie » rurale et urbaine par les fêtes, le

66. Le vêtement des femmes est réglementé ainsi que les apparats dans les cérémonies funèbres. Celles-ci étaient une source de dilapidation des patrimoines.

67. Les poids et mesures sont réformés, et l'argent des mines du Laurion permet d'adopter une nouvelle monnaie qui dégage Athènes de l'empire d'Égine.

théâtre et des édifices somptueux. Il laisse subsister la Constitution de Solon, le peuple étant admis à l'Assemblée et dans les tribunaux[68].

Clisthène

Après la chute d'Hippias, deux partis se forment : l'un favorable à l'aristocratie et à l'alliance avec Sparte, l'autre partisan du peuple et dirigé par Clisthène. Ce dernier l'emporte et fait adopter d'importantes réformes politiques et consolide la Constitution démocratique de Solon. Le pays est divisé en dèmes, petites communes ou « municipalités » qui ont leur assemblée, leurs magistrats, leur administration.

L'ostracisme est institué, frappant d'exil pour 10 ans les citoyens jugés dangereux pour la cité (on prend le vote en inscrivant le nom de l'accusé sur un tesson, appelé *ostrakon*). Il s'agit d'un décret solennel supprimant les droits civiques d'un individu.

Éphialte succède à Clisthène à la tête du parti démocratique. Presque aussitôt assassiné par les aristocrates, ce dernier avait fait adopter des réformes qui retiraient toute influence politique au Conseil aristocratique de l'Aréopage.

Périclès le remplace et maintient ces réformes. Il donne « à la civilisation grecque un essor décisif, un éclat qui n'a pas cessé d'éblouir[69]. »

AIDE-MÉMOIRE

1. *Dracon est chargé à Athènes de réformer la justice ; bien que dures, ses lois sont acceptées du peuple.*
2. *Solon adopte des lois à l'avantage du peuple, favorise l'agriculture et le commerce, et introduit des mesures démocratiques.*
3. *Le tyran Pisistrate maintient les lois de Solon et augmente le rayonnement d'Athènes.*
4. *Après la tyrannie, Clisthène, Éphialte et Périclès consolident la démocratie.*

---

68. De plus, il fait frapper l'argent du Laurion et remplace, sur la monnaie athénienne, les emblèmes des grandes familles par les symboles civils d'Athéna et de la chouette.
69. F. Chamoux, *op. cit.*, p. 106.

5. CONCLUSION

L'acquis incontestable de la Grèce antique est la loi. Malgré leurs oppositions politiques, les oligarques et les démocrates avaient la même idée sur la loi. Certaines sont saintes et immuables ; elles resteront particulièrement attachées aux sanctions en matière criminelle. Les autres, les *nomoi*, sont une œuvre humaine respectable. Elles sont écrites et publiques. Elles organisent principalement la justice distributive (*némésis*) :

> Le *nomos*, c'est le moyen terme, la commune mesure qui procure la plus grande somme d'équité, la règle impassible qui contient les passions individuelles ou collectives, le maître qui s'oppose aux excès de la liberté. La loi souveraine est celle qui fait régner avec elle la raison, le *noûs*, le *logos*[70].

Ces lois ne sont pas absolues ni parfaites et varient selon les Constitutions. Elles peuvent donc être changées. La loi est ainsi « chose relative et conventionnelle : ce n'est pas à tort que le mot *nomos* sert aussi à désigner un mode musical et toute monnaie qui a cours[71] ». L'idée de mesure commune s'applique à elle.

Les lois ne forment pas un code au sens moderne. Le classement est fait en fonction de l'utilité pratique. Elles sont rassemblées en des sortes de cahiers de charges ou de guides dont sont munis les fonctionnaires de la cité.

Pourtant, les Grecs appliquent l'idée de grandeur morale à ces lois de provenances diverses. Elles règlent toute la vie de la communauté ; elles sont le lien moral. On leur prête souvent une origine lointaine, voire divine. Violer la loi, c'est violer la cité et se placer en situation d'impiété. Ce qu'on appellera plus tard l'État de droit est cette organisation politique où la loi protège les individus les uns des autres, défend leurs droits contre la puissance de l'État et défend les intérêts de celui-ci contre les excès de l'individualisme.

La publication des lois met en place un ordre (*eunomia*) nouveau caractérisé par l'égalité devant la loi (*isonomie*). La cité, par sa loi commune, représente désormais l'idéal qui protège la liberté. Issue de la coutume, respectée de tous, la loi codifie ce qui est bien et mal. Par elle,

Némésis (n.f.)
Némésis est la déesse grecque de la vengeance et de la justice distributive. Le mot grec *némésis* désigne la justice distributive, et ensuite l'indignation et le courroux excités par l'injustice. Il signifie aussi le partage, la distribution.

Nomos (n.m.)
Loi et quelquefois, par extension, coutume, loi morale ou loi constitutive de l'univers.

Noûs (n.m.)
Esprit*.

Logos (n.m.)
Mot grec signifiant « raison ».

70. G. Glotz, *op. cit.*, p. 148.
71. *Ibid.*

une vertu civique voit le jour, soit la *dikaiosynê*, c'est-à-dire la qualité morale d'un homme qui est « juste ». Le respect de la légalité dans la cité constitue désormais la condition d'une âme humaine saine[72]. La jeunesse est éduquée dans l'esprit des lois. La crainte et le respect de celles-ci permettent d'éviter tout excès (de la tyrannie ou de l'anarchie). Elles placent le citoyen au sommet de la vie politique civilisée. L'ordre légal est le seul maître du citoyen.

72. Les Grecs définissent le plus souvent la justice comme étant l'obéissance aux lois. (W. Jaeger, *op. cit.*, p. 11.)

LE PROCÈS DE SOCRATE

Socrate vit à Athènes de ~470 à ~399. Homme simple, à l'allure négligée, il est devenu, par sa vie, son enseignement et sa mort, une figure marquante de l'histoire de la pensée humaine. À 40 ans, il abandonne son métier de sculpteur, qu'il tenait de son père, Sophronisque, afin de se consacrer à l'enseignement de la philosophie. Discutant sur les places publiques et dans les banquets, il exhorte chacun à vivre de façon vertueuse. L'**oracle** de **Delphes** avait affirmé qu'il est le plus sage de tous les hommes.

On vient des autres villes pour entendre Socrate discuter de sujets tels la vertu, le courage, la piété, le langage, le beau, la sagesse, l'amitié, l'amour ou encore la nature humaine et le rapport entre le bien et le plaisir[1]. Dans ses entretiens avec ses interlocuteurs, il se donne un rôle semblable à celui de la sage-femme (*maïa*) ; par un habile questionnement, il assiste les âmes pour qu'elles donnent naissance à la vérité. Sa mère, Phénarète, était elle-même une sage-femme. Affirmant volontiers ne rien savoir et prétendant que son principal mérite est d'être conscient de son ignorance, il se plaît à pousser ses interlocuteurs à se contredire sur des sujets qu'ils croient connaître. Il leur démontre ainsi leur ignorance. Socrate a la conviction qu'on ne peut rien savoir si notre raison est peuplée de préjugés et de faux savoirs.

Malgré l'admiration que suscite Socrate chez plusieurs, d'autres répandent sur lui des calomnies. On lui reproche de se préoccuper de sciences, comme le philosophe Anaxagore, ou de se faire payer pour enseigner l'art de la parole persuasive, comme le font les **sophistes**. **Aristophane** le représente comme un savant ridicule qui prétend expliquer les mystères de la nature et qui se fait payer cher pour enseigner à tromper les autres par les artifices du langage. Pourtant, tous auraient

Oracle (n.m.)
Réponse d'une divinité aux personnes qui la consultaient. La divinité elle-même.

Delphes
Ville de Grèce qui abritait le grand temple d'Apollon, le plus célèbre des oracles. On demandait des conseils à l'oracle avant les événements importants. Des prêtres interprétaient les cris de la Pythie (prêtresse, le front ceint de laurier, chargée de transmettre les oracles du dieu).

Sophiste (n.m.)
Maître de rhétorique (art de persuader, de convaincre) et de philosophie allant de ville en ville.

Aristophane
Auteur comique grec (v. ~450 – ~386).

1. Ces thèmes sont traités dans divers dialogues platoniciens : la vertu dans *Ménon*, le courage dans *Lachès*, la piété dans *Euthyphron*, le langage dans *Cratyle*, le beau dans *Le Grand Hippias*, la sagesse dans *Charmide*, l'amitié dans *Lysis*, l'amour dans *Le Banquet*, la nature humaine dans *Alcibiade* et le plaisir dans *Philèbe*.

dû savoir que d'expliquer les phénomènes de la nature ne le préoccupe nullement, que sa seule recherche est celle du bien et qu'il se soucie avant tout de ses semblables. Par ailleurs, son évidente pauvreté témoigne du fait qu'il ne se fait pas payer pour enseigner.

En ~399, on intente un procès à Socrate ; il est accusé de corrompre la jeunesse par son enseignement et de ne pas croire aux dieux de la cité. Cette dernière accusation est majeure puisque, depuis quelques décennies, un décret punit de mort l'athéisme.

Archonte-roi (n.m.)
Magistrat à Athènes chargé de diriger la vie religieuse.

Démocratie (n.f.)
Du grec *dêmokratia*, de *dêmos*, « peuple », et *kratos*, « pouvoir ». Régime politique où la souveraineté est exercée par le peuple.

Aristocratique (adj.)
Du grec *aristokratia*, de *aristos*, « meilleur », et *kratos*, « pouvoir ». Qualifie une forme de gouvernement dans laquelle le pouvoir souverain, en général héréditaire, est détenu par un petit nombre de personnes.

La plainte est portée devant l'**archonte-roi** par le poète Mélétos, appuyé par l'orateur Lykon et par le riche tanneur Anytos. Ce dernier est, des trois plaignants, celui qui a le plus de poids. Lorsque, quelques années plus tôt, les Spartiates avaient vaincu Athènes et lui avaient imposé la dictature sanguinaire des Trente Tyrans, certains Athéniens s'étaient exilés. Ils revinrent par la suite pour libérer la ville et y rétablir la **démocratie**. Anytos était de ceux-là. Les accusateurs avaient donc, par ce geste, gagné la faveur des Athéniens. Pour comprendre l'agressivité que Socrate a pu voir naître autour de lui, il faut se souvenir que, depuis plusieurs années, la cité d'Athènes est accablée de malheurs ; les gens très pieux attribuent ces malheurs à la colère des dieux contre les citoyens qui prônent des libertés à l'égard de la tradition sacrée. De plus, une lutte continuelle sévit entre les tenants de la démocratie et les défenseurs du régime **aristocratique**, forme de gouvernement plus ancienne qui est en vigueur dans maintes cités grecques. Les démocrates soupçonnent Socrate d'être leur ennemi, car il participe peu aux assemblées, recrute ses disciples chez les nobles et critique les politiciens.

Juge (n.m.)
Il s'agit des juges composant le tribunal populaire, choisis au hasard parmi les citoyens.

À son procès, Socrate se défend seul en prononçant un discours conforme à ses exigences de vérité. Platon, quelques années plus tard, relate l'événement dans l'*Apologie de Socrate* : Socrate rejette d'abord les anciennes calomnies et prouve à l'assemblée que Mélétos, si prompt à l'accuser de corrompre la jeunesse, ignore tout de l'éducation et s'en préoccupe peu ; par un interrogatoire habile, il met en lumière les contradictions que renferme l'accusation d'impiété portée contre lui ; le moment fort de son plaidoyer est la défense qu'il fait de son œuvre de philosophe et sa promesse de ne jamais renoncer à ce qu'il croit être juste, de ne jamais cesser de convaincre les Athéniens de vivre selon le bien, même s'ils doivent le condamner à mort pour cela. Après avoir rappelé qu'il a été un bon citoyen et un éducateur irréprochable, il remet son sort entre les mains de ses **juges**.

Socrate est reconnu coupable par une majorité[2] des 501 juges membres du tribunal[3]. Il est difficile de connaître les véritables motifs de la condamnation de Socrate, mais son appel à la conscience individuelle dans une société très patriotique qui voit d'un mauvais œil les esprits critiques serait, selon certains auteurs, la cause profonde de la méfiance qu'il suscita contre lui[4].

Socrate fait passer la défense de ses idées avant sa peur de la mort. C'est pour cette raison, entre autres, qu'il est encore aujourd'hui un maître pour quiconque refuse de s'incliner devant la force du pouvoir et de renoncer à ses idéaux. Fier et libre, il refuse aussi de supplier et d'adopter un discours mensonger et persuasif. S'appuyant sur les faits, il s'adresse à la raison de ses juges et non à leur émotivité. Modèle d'exigence éthique dans la discussion, il refuse, quel qu'en soit le prix, de renoncer au fondement rationnel indispensable à toute discussion entre personnes libres et raisonnables.

C'est son honnêteté intellectuelle, sa rectitude morale et sa fierté de pratiquer la philosophie qui perdent Socrate et qui en font, par ailleurs, un personnage marquant de l'histoire de la pensée. Son attitude, il la maintient jusqu'à la fin. Lorqu'on lui demande de fixer sa sentence, comme c'est la coutume[5], il demande à être nourri au Prytanée. Cette récompense est accordée aux soldats et aux athlètes qui ont rendu des services importants à la cité. En effet, Socrate considère que, ayant sacrifié ses ambitions personnelles, son confort et sa famille pour éduquer ses concitoyens et les conduire à une vie meilleure, il mérite d'être récompensé par les Athéniens.

Prytanée (n.m.) Édifice public où étaient logés les prytanes, soit, à Athènes, les 50 délégués annuels chargés de diriger le Conseil des Cinq-Cents (la *Boulê*).

Cette audace est reçue comme une provocation et interprétée comme un refus de reconnaître ses torts et de s'amender. Estimant ne

2. Socrate affirme dans l'*Apologie* que si trente voix s'étaient déplacées, il aurait été acquitté. 36 *a*.
3. Il s'agit du tribunal populaire de l'*Héliée*.
4. Selon Hegel, si Socrate a été tué, c'est qu'il a persisté à se réclamer de l'individualité, refusant de se soumettre au jugement du peuple ; la mort de Socrate serait le résultat tragique du conflit entre deux droits également légitimes : celui de l'État qui renvoie à la coutume, à la morale et à la religion, et celui de la conscience, du savoir, de la liberté subjective, dont se réclame Socrate.Voir à ce sujet Sarah Kaufman, *Socrate(s)*, Paris, Galilée, 1989.
5. Si la sentence n'était pas prévue par la loi, l'accusateur et l'accusé en proposaient une tour à tour ; le jury n'avait d'autre choix que d'opter pour l'une ou l'autre. Mélétos avait demandé la peine de mort. Les jurés se seraient sûrement sentis déchargés d'un grand poids si Socrate s'était condamné lui-même à l'exil ou à une peine raisonnable de prison. Il n'en fit rien.

Ciguë (n.f.)
Plante vénéneuse très toxique. Poison qui en est extrait.

pas avoir d'autre choix, les jurés condamnent Socrate à boire la mortelle ciguë. Ils le regretteront cependant puisque, peu de temps après sa mort, les Athéniens élèveront un monument à sa mémoire.

Dans l'allocution finale qui suit sa condamnation, Socrate fait quelques reproches aux juges qui l'ont condamné et remercie ceux qui l'ont acquitté. Il se félicite de ne pas avoir été lâche :

> Mais je crains que la difficulté ne soit pas, Messieurs, d'échapper à la mort, et qu'il ne soit bien plus difficile d'échapper à la lâcheté, car elle court plus vite que la mort. En l'occurrence, moi qui suis vieux et lent, j'ai été rattrapé par la plus lente des deux, cependant que mes accusateurs, qui sont lestes et rapides, ont été rattrapés par la plus rapide, qui est la méchanceté[6].

Avant de se retirer, il réfléchit quelques instants sur la mort :

> Mais voici une autre manière de nous représenter comment il y a d'espoir que la mort soit un bien. Car de deux choses l'une : ou bien être mort équivaut à n'être rien, et le mort n'a aucune perception de quoi que ce soit, ou bien, comme on le raconte, la mort se trouve être une sorte de transformation et une transmigration de l'âme de ce lieu-ci vers un autre lieu[7].

Il prend congé de ses juges sur ces mots :

> J'ai pourtant une prière à leur faire [à mes juges] : mes fils, quand ils auront grandi, punissez-les, Messieurs, en les tourmentant exactement comme je vous ai tourmentés, si vous les voyez mettre l'argent ou tout autre chose avant le souci de la vertu ; et quand ils croiront être quelque chose sans l'être réellement, reprochez-leur, comme je l'ai fait pour vous, de ne pas avoir souci de ce qu'il faut et de se croire quelque chose quand ils n'ont aucun mérite. Si vous faites cela, vous nous aurez traités avec justice, moi-même et mes fils.
>
> Mais voici l'heure de nous en aller, moi pour mourir, vous pour vivre. Qui de nous prend la meilleure direction, nul n'y voit clair, excepté le dieu[8].

6. *Apologie*, 39 *b*, trad. Bernard et Renée Piettre, Paris, Librairie Générale Française, coll. « Le livre de poche », 1992.
7. *Ibid.*,40 *c*.
8. *Ibid.*, 41 *e*, 42 *a*.

Socrate attend un mois son exécution ; en effet, le navire sacré qui chaque année fait un pèlerinage à **Délos** pour commémorer la victoire de **Thésée** sur le **Minotaure** est parti le lendemain de sa condamnation ; or, aucune exécution ne doit avoir lieu avant qu'il revienne. On pourrait imaginer ce temps d'attente comme une longue angoisse, mais il semble qu'il n'en fut rien. Chaque jour, Socrate reçoit ses disciples et s'entretient avec eux. À l'aube de l'avant-dernier jour, il reçoit Criton et les deux amis engagent une conversation sur la loi. Pour comprendre cette discussion, il faut la remettre dans son contexte et se replacer dans le débat d'idées de cette époque.

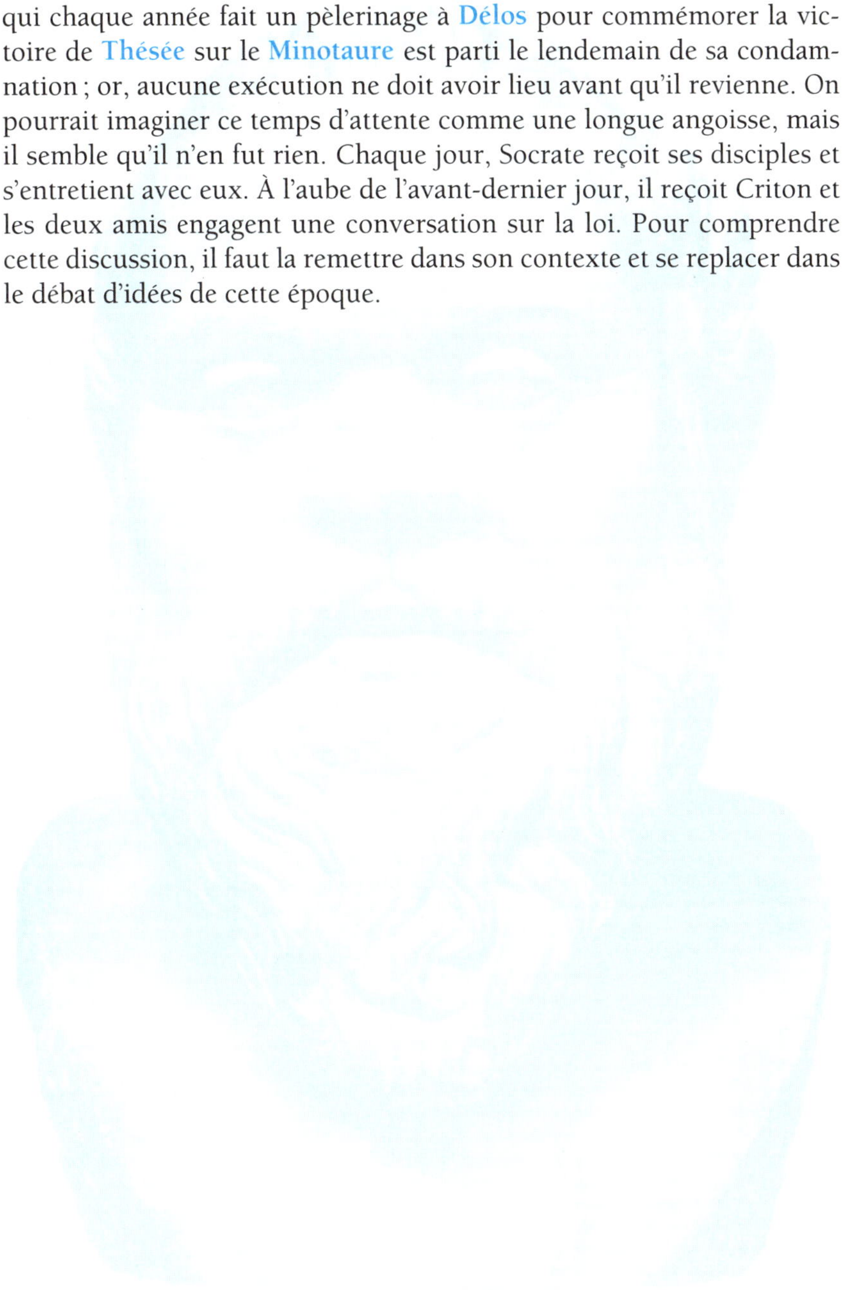

Délos
Île de Grèce. Lieu d'assemblées religieuses et de fêtes entourant le dieu Apollon.

Thésée
Fils du roi Égée d'Athènes. Il délivre celle-ci en tuant le Minotaure, aidé du fil d'Ariane.

Minotaure
Monstre fabuleux de Crète au corps d'homme et à la tête de taureau, né de l'union de Pasiphaé, épouse du roi Minos, avec le taureau que le dieu Poseidon avait fait sortir de la mer. Minos l'enferme dans un labyrinthe et le nourrit aux neuf ans de sept garçons et de sept filles d'Athènes.

DEUXIÈME PARTIE

Note du traducteur

Criton

Texte de Platon et exercices d'analyse

Exercices de synthèse

Note du traducteur

En traduisant le *Criton* de Platon, dialogue de jeunesse dont la langue si belle et si précise manifeste une maîtrise parfaite de la dialectique, le traducteur est tenté d'aller parfois plus loin que Platon. Il souhaite dans certains passages s'autoriser du texte de dialogues postérieurs pour comprendre les enjeux d'une pensée qui trouve dans le *Criton* ses premières formulations. C'est le cas du vocabulaire de la discussion et aussi de la réflexion politique. Au moment de se mettre à l'étude de ce dialogue, quelques remarques sur les choix que j'ai faits pourront être utiles.

Il faut d'abord remarquer qu'il s'agit d'un dialogue dans lequel un raisonnement est développé sur la base de discussions présentées comme connues des interlocuteurs. Ce fait a son importance dans la traduction, puisqu'il nous met en présence d'une situation familière de discussions, au cours desquelles des arguments étaient examinés de manière critique par Socrate et ses amis. Cet examen n'avait pas d'autre lieu que la conversation socratique. Il faut donc accorder au terme *logos* ce sens fondamental de la proposition, de l'argument, de la prise de position dans une discussion, même si le texte ne fait aucune mention de l'*elenchos*. L'argument doit conduire à dépasser l'opinion (*doxa*) du grand nombre. L'art de cette discussion, appelé dialectique, doit par ailleurs conduire à des positions reconnues comme vraies par les interlocuteurs. Le texte du *Criton* ne présente pas de vocabulaire technique sur ces positions ; il se contente de mentionner qu'il s'agit de positions qui résultent d'un accord, d'une entente. Cette entente peut cependant avoir le statut d'un principe pour une phase subséquente de l'argumentation. J'ai donc réservé le terme « argument » à la présentation d'une proposition particulière dans la discussion, et j'ai utilisé « principe » pour les rares cas où une position a un statut plus fondamental, notamment le sens d'un point de départ du raisonnement.

L'entente et l'accord peuvent aussi avoir le sens d'engagements à l'endroit de ces principes mêmes qui constituent les convictions morales de Socrate. Il s'agit alors des engagements du citoyen envers les lois de la Cité, engagements qui reposent sur des accords et un pacte moral qui sont constitutifs des lois. Le passage crucial 52 *d* montre bien que la liberté du citoyen dans la reconnaissance des lois confère à celles-ci leur autorité. Aucune transcendance de la Loi qui annoncerait ici *La République*. Il y a donc une *homologia* politique, assez semblable au fond à l'accord dialectique, dont la force devient contraignante pour celui qui s'y engage et qui accepte d'y soumettre son existence.

Ces engagements existent dans le cadre de la Cité d'Athènes. Le terme *polis* ne saurait être traduit autrement, puisqu'il n'est question ni d'État ni de gouvernement particulier. Un passage mérite d'être signalé (50 *a*) : au début de la prosopopée, les Lois se présentent à Socrate en compagnie de la Cité dans son ensemble (*to koinon tēs poleōs*). Qu'est-ce donc que ce *to koinon*, sinon le cœur de la Cité, sa communauté, précisément en tant qu'elle représente les citoyens et non l'État ? Discours d'Athènes, le discours des Lois est certes un discours universel, mais dans le *Criton*, c'est d'abord la Cité de Socrate qui s'expose et qui, en s'exposant, prend le risque d'une condamnation qui peut se retourner contre elle.

La présente traduction reproduit la pagination traditionnelle de l'édition Estienne de la Renaissance et elle a été faite à partir du texte établi par Maurice Croiset pour la Collection des Universités de France (Association Guillaume Budé, Éditions Les Belles Lettres, 1920). Le texte de John Burnet (Clarendon Press, 1903) a aussi été consulté.

Georges Leroux

Socrate, le premier, fit descendre du ciel la philosophie, l'installa dans nos villes, l'introduisit même dans nos maisons, et l'obligea à se préoccuper de la morale pratique, du problème du bien et du mal.

Cicéron, *Tusculanes* (V, 10).

Socrate

Rome, Musée du Capitole
Collection Viollet

CRITON

Prologue

1

Socrate
Qu'est-ce qui t'amène ici de si bonne heure, Criton ? Ne 43 *a*
sommes-nous pas encore très tôt le matin ?

2

Criton
En effet.

3

Socrate
Quelle heure est-il au juste ?

4

Criton
Le jour commence à se lever.

5

Socrate
Je suis surpris que le gardien de la prison ait accepté de te laisser entrer.

6

Criton
Il est habitué de me voir, Socrate, je suis venu ici assez souvent, et puis je l'ai remercié en lui offrant un petit quelque chose !

7

Socrate
Arrives-tu à l'instant ou es-tu là depuis un moment ?

8

Criton
Depuis un bon moment déjà.

9

Socrate
Mais pourquoi ne m'as-tu pas réveillé tout de suite, au *b*
lieu de rester là en silence ?

10

Criton

Par **Zeus**, Socrate, je n'aurais voulu pour rien au monde avoir à endurer moi-même une telle veille, si pénible, alors que toi, je ne cesse de m'en étonner en te regardant, tu dors si paisiblement ! J'ai fait exprès de ne pas te réveiller, pour que tu te reposes le mieux possible. Et d'ailleurs, dans toute ta vie passée, bien souvent j'ai admiré ta **sérénité**, et encore plus maintenant, dans le malheur qui t'accable, quand je vois avec quel calme, avec quelle douceur tu le supportes.

Exercice 📖[1]
Quels sont le **thème** et l'**idée principale** de ce paragraphe ?

Zeus
Dieu suprême du panthéon grec, maître du Ciel et souverain des dieux.

Sérénité (n.f.)
État d'une personne calme, exempte de trouble, d'inquiétude.

11

Socrate

Il serait bien déplacé, Criton, rendu à l'âge que j'ai, de me fâcher parce que c'est déjà le temps de mourir.

Exercice 📖
Quel est l'**argument** de Socrate pour expliquer qu'il lui est normal de bien supporter son malheur ?

12

Criton

c Mais combien d'autres, Socrate, aussi âgés que toi et aux prises avec des malheurs semblables au tien, se révoltent sans que leur âge les aide en rien à demeurer sereins devant leur sort !

Exercice 📖
Quelle est l'**objection** de Criton ?

13

Socrate

C'est vrai. Mais pourquoi donc es-tu venu de si bonne heure ?

Exercice 📖
Par quels **organisateurs textuels logiques** Socrate indique-t-il qu'il changera de sujet de conversation ?

14

Criton

Je t'apporte une nouvelle, Socrate, une nouvelle pénible et accablante. Pas pour toi, je le vois bien, mais pour moi et pour tous ceux qui sont autour de toi. Une nouvelle

Exercices 📖
Donnez à ce paragraphe un **titre** qui évoque le contenu du texte.
Regroupez les paragraphes 14 à 21 sous un titre.
Regroupez ces mêmes paragraphes sous une idée principale.

1. Le symbole du livre ouvert indique qu'une solution à l'exercice est proposée à l'annexe « Solutions des exercices d'analyse ». Les mots mis en gras à leur première occurrence sont expliqués à l'annexe « Explication des exercices ».

vraiment dure et accablante, et je n'en vois pas qui puisse m'accabler autant.

15

Socrate
Quelle nouvelle ? Est-ce que le bateau est rentré de **Délos**, ce bateau dont l'arrivée veut dire que je dois d
mourir[2] ?

16

Criton
Il n'est pas encore arrivé, mais je pense qu'il doit rentrer aujourd'hui même. C'est en tout cas ce qu'annoncent des gens qui sont arrivés de **Sounion** et qui ont laissé le bateau là-bas[3]. D'après ce qu'ils racontent, c'est aujourd'hui qu'il arrivera et c'est donc nécessairement demain, Socrate, que ta vie s'achèvera.

17

Socrate
Eh bien, Criton, à la bonne fortune ! Si cela est agréable aux dieux, qu'il en soit ainsi. Pourtant, je ne crois pas qu'il arrivera aujourd'hui même.

18

Criton
Qu'est-ce qui te fait croire ça ? 44 *a*

19

Socrate
Je vais te le dire. Je dois mourir le lendemain du jour de l'arrivée du bateau.

20

Criton
C'est ce que disent ceux qui sont responsables de ces choses-là[4].

Délos
Île de Grèce, lieu d'assemblées religieuses et de fêtes entourant le dieu Apollon.

Sounion
Promontoire de l'extrémité sud-est de l'Attique (Athènes et sa région). Lieu où est érigé le temple de Poséidon.

2. Voir *Phédon*, 58 *a*, *b* et *c*.
3. Des vents forts auraient empêché le bateau de franchir le cap de Sounion.
4. Les « Onze » étaient des magistrats chargés de la police et des hautes œuvres de la justice ; on leur confiait, par exemple, la garde des criminels condamnés à mort. La magistrature était annuelle. On prenait un magistrat par tribu, et le greffier faisait le onzième. Voir *Phédon*, 59 *e* et 116 *b*.

21

Socrate
C'est pourquoi je ne pense pas qu'il arrivera aujourd'hui même, mais seulement demain. Je veux le présumer sur la foi d'un rêve que j'ai fait un peu plus tôt cette nuit, et sans doute as-tu bien saisi l'occasion qui se présentait de ne pas me réveiller.

22

Criton
Quel était donc ce rêve ?

23

Exercice
Donnez un titre à ce paragraphe.

Socrate
b Une femme m'est apparue, belle et pleine de grâce ; elle venait vers moi vêtue de blanc, elle m'appelait et me disait : « Socrate, tu arriveras le troisième jour dans la plaine fertile de la Phtie[5]. »

24

Criton
C'est un rêve étrange, Socrate.

25

Socrate
Sa signification me semble bien claire, Criton.

La proposition de Criton : s'évader

Exercices
Dans ce paragraphe, dégagez la **thèse** et les arguments de Criton. Donnez un titre à l'ensemble des paragraphes 26 à 34. Nommez les sentiments et les valeurs qui sous-tendent chacun des arguments des paragraphes 26, 28, 33 et 34.

26

Criton
Trop claire à mon avis. Mais maintenant, merveilleux Socrate, laisse-toi persuader et sauve-toi ! Si tu meurs, ce ne sera pas un malheur ordinaire pour moi, moi qui serai privé d'un ami[6] comme toi, un ami comme jamais je ne pourrai en retrouver. Mais, pense aussi qu'à tous

5. Il s'agit d'une allusion à un vers de l'*Iliade* (1 *x*, *363*). C'est Achille qui parle en ces termes de son retour à sa terre natale.
6. Voir *Phédon*, 117 *c*.

ceux nombreux qui nous connaissent mal, toi et moi, il
semblera que j'aurais dû être en mesure de te sauver si c
j'avais consenti à payer ce qu'il fallait et que je ne m'en sois pas soucié. Y aurait-il réputation plus honteuse que de paraître plus attaché à l'argent qu'à ses amis ? La plupart des gens ne croiront jamais que c'est toi, toi-même, qui as refusé de t'en aller d'ici, alors que rien ne nous tenait plus à cœur.

27

Socrate

Mais faut-il vraiment, mon excellent Criton, que nous nous souciions tant de l'opinion du grand nombre ? Les personnes qui ont le plus de valeur à nos yeux, celles dont le jugement compte pour nous, penseront plutôt que les événements se sont passés comme ils se sont passés réellement.

Exercice

Dites en quoi consiste l'objection de Socrate.

28

Criton

Mais tu vois pourtant bien, Socrate, qu'il est nécessaire d
de se soucier de l'opinion du grand nombre. La situation actuelle montre assez clairement que ce grand nombre est capable d'accomplir aussi bien les petits maux que les plus grands, chaque fois qu'on lui présente **calomnie** sur calomnie !

Exercice

Dites en quoi consiste la réfutation de Criton.

Calomnie (n.f.)
Fausse accusation qui blesse la réputation, l'honneur.

29

Socrate

L'idéal, cher Criton, serait que ce grand nombre soit capable de réaliser les plus grands maux, de telle façon qu'il soit également en mesure de réaliser les biens les plus grands ; ce serait vraiment très bien ! En fait, il ne semble capable ni de l'un ni de l'autre : impuissant à rendre un homme ni sensé ni insensé, il fait les choses comme le hasard les présente.

Exercice

Relevez l'argument que Socrate oppose à la réfutation de Criton.

30

Criton

Bon, mettons donc que ce soit le cas. Mais dis-moi une e
chose, Socrate, qu'est-ce qui t'arrête ? Est-ce le souci de ce qui pourrait m'arriver, à moi et aux amis, si tu

Exercice

Criton prévoit les objections que Socrate pourrait lui faire ; quelles sont-elles ? Comment les réfute-t-il ? (Paragraphes 30 à 32.)

Sycophante (n.m.)
Dénonciateur ou accusateur professionnel.

décidais de sortir d'ici ? As-tu peur que les **sycophantes** nous causent des ennuis en nous accusant de t'avoir fait échapper et que nous risquions de perdre notre fortune, en tout cas pas mal d'argent, et peut-être même que nous nous exposions à je ne sais quoi d'autre ? Si c'est là ce que tu crains, débarrasse-toi vite de cette
45 *a* peur. D'une certaine manière, te sauver est notre devoir, nous devons courir ce risque et, s'il le fallait, un risque plus grand encore. Laisse-toi convaincre et fais ce que je te dis.

31

Socrate
C'est cela même que je crains, Criton, et plusieurs autres choses encore.

32

Exercice
Formulez en vos mots les propos de Criton.

Criton
Cesse donc d'avoir peur ! Pour une somme d'argent de rien du tout, ceux qui veulent te sauver te feront sortir d'ici. Et puis, ne vois-tu pas qu'on peut soudoyer ces sycophantes à bon marché ? En fait, il n'y aurait pas
b grand argent à leur donner. Ce qui m'appartient est à toi, et je pense que cela suffira. De plus, si par amitié pour moi tu préférais ne pas engager mon argent, il se trouve ici des étrangers qui seraient disposés à contribuer. L'un d'eux, Simmias de Thèbes, a justement apporté la somme nécessaire ; Cébès aussi est prêt à aider, et plusieurs autres encore[7]. Donc, comme je te le dis, laisse de côté cette peur qui t'empêche de te sauver, et puis, comme tu le laissais entendre au tribunal, ne t'inquiète pas du sort prétendument difficile qui t'attendrait si tu devais quitter le pays et ne pas trouver de
c quoi vivre. Partout où tu iras, à l'étranger comme ici, tu auras des amis. Veux-tu te rendre en **Thessalie** ? Je connais là des hôtes qui sont prêts à faire beaucoup de

Thessalie
Région de Grèce, au sud de l'Olympe, sur la mer Égée. (Voir la carte, p. 139.)

7. Simmias et Cébès sont des étrangers venus de Thèbes, qui couraient donc moins de risques que des Athéniens à faire évader Socrate.

choses pour toi ; ils garantiront ta sécurité et personne en Thessalie ne pourra te faire de mal.

33

Il y a encore autre chose, Socrate. Je trouve que tu commets un acte qui n'est pas acceptable en te trahissant toi-même, alors que tu as la liberté de te sauver. Tu travailles à provoquer contre toi-même ce que tes ennemis, ceux qui veulent te perdre, se sont toujours efforcés de faire. Je veux également ajouter qu'il me semble que tu trahis aussi tes fils. Alors que tu pourrais les élever, *d*
achever leur éducation, tu les abandonneras derrière toi. Tout ce qui dans leur vie devrait être ta part deviendra le résultat du hasard. Il leur arrivera, comme c'est souvent le cas, ce qui arrive aux orphelins dans leur abandon. Ou bien il ne faut pas avoir d'enfants, ou bien il faut peiner avec eux pour les élever et pour faire leur éducation. Toi, tu donnes le sentiment de choisir la voie la plus facile. Ne faut-il pas décider cela même qu'un homme juste et courageux choisirait de faire, surtout si, dans toute sa vie, on affirme se soucier d'abord de la vertu ?

Exercice

Énumérez trois arguments supplémentaires de Criton pour convaincre Socrate de fuir. (Paragraphes 33 et 34.)

34

Quant à moi, j'en ai honte pour toi et pour nous, tes *e*
amis, parce qu'on ne pourra éviter de penser que toute cette affaire relève de notre manque de courage : l'introduction de l'accusation devant le tribunal, la comparution alors qu'il était possible de ne pas comparaître, le déroulement du procès comme il a été conduit[8] et, enfin, ce dernier épisode, dénouement vraiment ridicule de l'affaire, qui fera croire que lâche- *46 a*
ment, méchamment, nous nous sommes dérobés, sans que personne, ni toi ni nous, n'ait rien fait pour te sauver, alors que c'était possible si seulement nous avions

8. Socrate aurait pu éviter sa condamnation en fuyant Athènes avant le procès ou encore en demandant à un logographe de rédiger un plaidoyer susceptible d'apitoyer ses juges.

été capables de faire la moindre chose utile ! Penses-y, Socrate, pareil comportement sera vraiment une honte, une faute pour toi comme pour nous. Réfléchis bien, ou plutôt non, ce n'est plus le moment de réfléchir, il faut avoir réfléchi, il n'y a qu'une pensée qui vaille. Il faut avoir tout réglé la nuit prochaine. Si nous attendons encore, ce sera impossible, il n'y aura plus rien à faire. En tout cas, Socrate, crois-moi, fais ce que je te dis.

La réponse de Socrate

35

Exercice
Formulez en vos mots les propos de Socrate.

Droiture (n.f.)
Qualité d'une personne droite ; honnêteté, loyauté.

Socrate

b Mon cher Criton, les pressions que tu exerces sur moi seraient acceptables si elles s'accordaient avec une certaine **droiture**. Mais autrement, plus elles sont fortes, plus elles sont pénibles. Il faut donc que nous examinions ensemble s'il convient de se résoudre à ces actions ou non. Pas seulement aujourd'hui mais depuis toujours, je suis de nature à ne me laisser persuader par rien d'autre que par la raison qui m'apparaît la mieux argumentée[9]. Les raisons que j'ai formulées jusqu'à maintenant, je ne peux pas tout d'un coup les rejeter, sous prétexte qu'il s'est produit quelque chose de nouveau. De fait, ces raisons me semblent encore en gros les mêmes, et j'attache de l'importance et de la valeur
c aujourd'hui aux mêmes raisons qu'avant. Si nous ne trouvons à présent rien de mieux à dire, sache bien que je ne pourrai pas être d'accord avec toi, et cela même si dans la situation actuelle la puissance du grand nombre voulait nous terrifier comme des enfants en nous menaçant d'emprisonnement, de mort ou de confiscation de nos biens.

9. Socrate oppose dans ce passage l'opinion (*doxa*) sans fondement du grand nombre à la raison (*logos*) la mieux argumentée.

36

Comment discuter ces questions de notre mieux ? Si nous reprenions d'abord cet argument que tu formulais relativement aux opinions des autres ? Était-il juste d
de dire, chaque fois que nous en avons discuté, que notre esprit doit suivre certaines de ces opinions, d'autres non ? Ou bien cette position qui était juste alors que je n'étais pas sur le point de mourir, n'est-il pas clair qu'elle ne devient maintenant qu'une parole sans conséquence, un jeu d'enfant, une niaiserie ? Je voudrais vraiment, Criton, que nous examinions ensemble si cette position nous paraîtra différente compte tenu de ce qui m'arrive, ou si elle demeurera la même : l'abandonnerons-nous ou bien en ferons-nous notre ferme conviction ? Voici à peu près, selon mon souvenir, ce que répétaient tout le temps ceux que nous estimons, et ce que moi-même je viens de soutenir : parmi les opinions formulées par ceux qui en énoncent, il y en a dont il faut tenir compte, d'autres pas du tout. e
Par les dieux, Criton, ne te semble-t-il pas juste de dire ça ? Comme tu n'es pas, toi, destiné à mourir demain – autant en tout cas qu'un homme puisse en juger –, il est 47 a
peu probable qu'un danger **imminent** t'égare l'esprit. Examine la question : n'a-t-on pas raison, selon toi, de dire que les opinions de tout le monde ne sont pas dignes de considération, que certaines méritent considération, d'autres pas ? Pas les opinions de tous, donc, mais seulement les opinions de certains, pas celles des autres. Qu'en dis-tu ? N'est-ce pas là la position juste ?

Exercice

Quel est le premier argument qui servira à Socrate de **principe** sur lequel appuyer sa réflexion ?

Imminent, ente (adj.)
Qui est sur le point de se produire.

37

Criton
C'est la position juste.

38

Socrate
Celles qui méritent considération, ce sont les opinions valables ; les mauvaises, non, qu'en penses-tu ?

Exercices

Quelle est la **fonction** des paragraphes 38 et 40 ?
Comment Socrate précise-t-il dans les paragraphes 38 et 40 le principe établi au paragraphe 36 ?

39

Criton
Tu as raison.

40

Socrate
Et les opinions valables ne sont-elles pas les opinions des personnes sensées, les mauvaises opinions celles des personnes qui manquent de sagesse ?

41

Criton
Comment en serait-il autrement ?

42

Socrate
b Penses-y, que veut-on dire par là ? Un homme qui s'entraîne à la gymnastique, quand il s'exerce, est-ce qu'il tient compte des éloges, des critiques ou des opinions de tout le monde, ou bien seulement du jugement de celui qui est médecin ou entraîneur[10] ?

43

Criton
De ce jugement-là seulement.

44

Socrate
Ainsi les critiques qu'il doit redouter et les compliments auxquels il peut s'attendre, ce seront uniquement ceux qui lui viendront d'un seul, et non ceux qui viennent de tout le monde.

45

Criton
Évidemment.

Exercices
Relevez la comparaison sur laquelle Socrate s'appuie pour que Criton en vienne à reconnaître qu'il ne faut pas tenir compte de l'opinion du grand nombre. (Paragraphes 42 à 52.) Reconstituez les **raisonnements analogiques** en faisant ressortir chacun des termes et la comparaison qui est faite. (Paragraphes 42 à 62.)

Exercice
Quel est l'organisateur textuel logique qui indique que Socrate propose une conclusion ?

10. Voir *Protagoras*, 312 *b* ; *Gorgias*, 464 *b* et suiv.

46

Socrate

Quand donc cet athlète examine son programme d'exercices, ce qu'il doit manger, ce qu'il doit boire, il doit s'en remettre au jugement d'un seul, celui qui sera son guide et son expert, plutôt qu'au jugement de n'importe qui.

Exercice

Quel est l'organisateur textuel logique qui indique que Socrate fait une déduction ?

47

Criton

C'est ça.

48

Socrate

Bien. Mais s'il s'avise de désobéir à celui-là, à cet expert c
unique, s'il ne respecte plus son opinion et ses éloges, s'il accorde plus de crédit aux arguments de tous ceux qui n'ont aucune expertise, le résultat ne sera-t-il pas mauvais ?

Exercice

Pourquoi Socrate veut-il faire admettre cette proposition à Criton ? (Voir les paragraphes 48 à 58.)

49

Criton

Comment n'en serait-il pas autrement ?

50

Socrate

Quel genre de mauvais résultat ? Quel en sera l'effet ? Comment, précisément, celui qui désobéit sera-t-il affecté ?

Exercice

Comment nomme-t-on ce procédé par lequel Socrate conduit Criton à abandonner son affirmation selon laquelle il faut se soucier de l'opinion du grand nombre ? (Voir les paragraphes 50 et suivants.) Expliquez ce procédé.

51

Criton

C'est clair, c'est dans son corps qu'il sera affecté, c'est son corps qu'il met à mal.

52

Socrate

Tu dis juste. Eh bien, Criton, il en va de même pour le reste, sans qu'on ait besoin de tout énumérer ! Qu'il s'agisse donc des choses justes et injustes, des choses belles et laides, des choses bonnes et mauvaises, tout

Exercice

Définissez le **concept** d'opinion dans son sens courant et dans le sens où l'emploie Platon.

Délibérer (v.intr.)
Examiner, discuter à plusieurs une question. Réfléchir en soi-même sur une décision à prendre.

Déférence (n.f.)
Politesse respectueuse, considération.

d cela sur quoi nous **délibérons**, ne faut-il pas suivre et respecter, plutôt que l'opinion de tout le monde, l'opinion du seul expert, s'il existe, qui commande notre **déférence** et notre respect ? Son opinion plutôt que celles de tous les autres mis ensemble ? Si nous lui désobéissons, nous ruinerons ou nous endommagerons cela même qui devient meilleur par la justice[11] et se corrompt par l'injustice. Ce n'est pas rien, qu'en penses-tu ?

53

Criton
Je pense comme toi, Socrate.

54

Socrate
Examine bien la chose, considère ce qui s'améliore par un régime sain et qui se détériore par un régime malsain : si nous prenions le risque de l'endommager en suivant l'opinion de ceux qui ne sont pas experts, serait-il possible de vivre avec une telle détérioration ?
e Or, cela, c'est bien le corps, n'est-ce pas ?

55

Criton
Oui.

56

Socrate
Peut-on vraiment vivre avec un corps misérable et détérioré ?

57

Criton
Non, certainement pas.

58

Socrate
Mais alors, peut-on vivre si nous maltraitons ce qui se détériore par l'injustice et qui se renforce par la justice ? À moins de vouloir considérer que cette partie de

Exercice
Qu'indique l'organisateur textuel logique « mais alors » ?

11. Voir *Apologie*, 29 *d* et 30 *b* ; *Phédon*, 82 *d*, 107 *c* et 115 *b*.

nous-mêmes, quelle qu'elle soit, qui se rapporte à l'injustice et à la justice soit inférieure au corps ? 48 *a*

59

Criton
Non, certainement pas.

60

Socrate
Cette partie n'est-elle pas celle qui a le plus de valeur ?

61

Criton
Beaucoup plus.

62

Socrate
Par conséquent, mon excellent ami, ne nous préoccupons pas trop de ce que raconte tout le monde, accordons plutôt toute l'importance au jugement de celui qui s'y connaît en fait de justice et d'injustice, lui qui seul connaît la vérité elle-même. Ainsi, pour commencer, tu ne nous indiques pas correctement le chemin à suivre, en nous invitant à nous préoccuper de l'opinion de tout le monde sur ces questions du juste, du beau, du bien et de leurs contraires.

Mais, c'est vrai, on nous rétorquera peut-être que le grand nombre est capable de nous conduire à notre perte.

Exercice
Socrate prévient une objection de Criton. Laquelle ?

63

Criton
On le dira, Socrate, c'est clair. *b*

64

Socrate
Tu dis vrai, mon brave ami, mais cette argumentation que nous avons soutenue me paraît encore, à moi, la même qu'avant. Et puis, considère cet autre argument encore : est-il toujours vrai ou non que l'essentiel, pour nous, ce n'est pas de vivre, mais le fait de bien vivre ?

Exercices
Relevez la réfutation de Socrate. Formulez autrement le principe suivant : « Le plus important n'est pas de vivre, mais de bien vivre. »

65

Criton
C'est toujours vrai.

Exercice
Définissez les concepts de bien, de beau et de juste.

66

Socrate
Et l'identité du bien, du beau et du juste, est-ce un argument qui demeure vrai ?

67

Criton
Il demeure vrai.

Exercice
Formulez en vos mots les principales idées émises dans ce paragraphe et dégagez-en le **concept clé**.

Fallacieux, euse (adj.)
Trompeur, spécieux.

Soudoyer (v.tr.)
S'assurer le concours de quelqu'un à prix d'argent.

68

Socrate
C'est donc sur la base de ce que nous reconnaissons en *c* commun qu'il convient d'examiner s'il est juste ou non que j'essaie de sortir d'ici sans l'autorisation des Athéniens. Si ce projet semble juste, nous essaierons. Sinon, laissons tomber. Quant à tes inquiétudes concernant les risques de perdre nos biens, l'opinion des autres, l'éducation de mes enfants, j'ai bien peur qu'il ne s'agisse de considérations **fallacieuses**, sauf pour ceux qui font mourir les gens à la légère et qui les ressusciteraient, s'ils en étaient capables, et cela sans aucune réflexion. Voilà le lot du grand nombre ! Mais nous, puisque notre argumentation va dans cette direction, ne discutons de rien d'autre que de ce que nous évoquions tantôt. Accomplirons-nous un acte juste si nous **soudoyons**, *d* pour obtenir leur faveur, ceux qui doivent me sortir d'ici ? Est-il juste que nous-mêmes nous soyons complices en prenant la fuite ? Pour dire la vérité, ne commettrions-nous pas une injustice si nous faisions tout ça ? Et si en le faisant nous paraissons coupables, devrions-nous encore peser et soupeser, pour éviter de commettre un acte injuste, s'il faut mourir en restant ici bien tranquilles ou bien subir quelque autre malheur ?

69

Criton
Tu dis bien les choses, Socrate, il me semble. Voyons donc ce qu'il faut faire.

70

Socrate

Discutons-en ensemble, mon cher ami. Et si tu trouves *e* quelque chose pour me contredire, eh bien, contredis-moi et je m'inclinerai. Sinon, cesse donc, mon ami, de me tenir toujours le même discours en me répétant que je dois m'évader d'ici, contre la volonté des Athéniens. C'est que j'accorde beaucoup d'importance au fait de faire ce que je dois faire avec ton assentiment, et non contre ton gré. Vois donc si depuis le point de départ de notre discussion la question te semble bien posée et *49 a* essaie de répondre à mes questions du fond de ta pensée.

Exercice

Quel est le concept clé de ce paragraphe ?

71

Criton

D'accord, j'essaierai.

72

Socrate

Affirmons-nous qu'en aucune circonstance il ne faut commettre l'injustice, ou bien qu'on peut le faire dans certains cas et dans d'autres non ? Reconnaissons-nous, comme nous en sommes tombés d'accord souvent auparavant, que commettre l'injustice n'est jamais bien ni beau ? C'est encore ce que nous venons de dire. Et tous ces **principes** dont nous avons convenu jusqu'à maintenant, se seraient-ils effondrés au cours des derniers jours ? Et puis, Criton, est-ce que des hommes *b* âgés comme nous le sommes, discutant ensemble sérieusement, auraient pu ne plus avoir conscience qu'ils ne parlaient pas autrement que des enfants ? Ne pensons-nous pas plutôt que ces principes subsistent, tels que nous les avons énoncés, que le grand nombre les accepte ou non ? Qu'on doive ou non espérer dans les circonstances une épreuve plus dure ou un sort meilleur, n'est-ce pas de toutes façons toujours un mal et une honte, pour celui qui la commet, de commettre l'injustice ? L'affirmons-nous, oui ou non ?

Exercices

Reconstituez le **raisonnement** de Socrate.
Repérez la **conclusion** à laquelle Socrate conduit Criton.
(Paragraphes 72 à 76.)

Principe (n.m.)
Règle de conduite, valeur sur laquelle on se fonde pour agir.

73

Criton

Nous l'affirmons.

74

Socrate
Il ne faut donc jamais commettre l'injustice.

75

Criton
c Non, assurément.

76

Socrate
Il ne faut pas non plus répondre à l'injustice par l'injustice, comme tout le monde le pense, puisqu'il ne faut jamais commettre l'injustice.

Exercice
Reconstruisez le **raisonnement déductif** en forme de **syllogisme** par lequel Socrate a pu arriver à déduire la présente conclusion.

77

Criton
C'est évident.

78

Socrate
Un autre point : faire du mal à quelqu'un, doit-on le faire ou non ?

Exercice
Quelle est la fonction de ce paragraphe ?

79

Criton
Non, certainement pas, Socrate.

80

Socrate
Mais alors, infliger un tort parce qu'on en a subi un, comme on dit, est-ce juste ou non ?

81

Criton
Non, aucunement.

Exercice
Reproduisez le **raisonnement déductif** en forme de **syllogisme** qui force Criton à répondre par la négative à la question de Socrate au paragraphe 80.

82

Socrate
Car faire du mal à quelqu'un, ce n'est rien d'autre que commettre l'injustice.

Exercice
Quel est le principe préalablement établi qui permet à Socrate de faire cette affirmation sans sentir le besoin de la démontrer ?

83

Criton
Tu dis vrai.

84

Socrate
Ainsi, il ne faut ni répondre à l'injustice par l'injustice ni faire du mal à qui que ce soit, pas même à quelqu'un qui nous en aurait fait subir. Mais, prends *d* garde, Criton, en tombant d'accord avec moi là-dessus, de ne pas le faire contre ta pensée. Je sais bien que c'est un petit nombre, aussi bien maintenant que dans l'avenir, qui voit les choses de cette manière[12] ! Entre ceux qui pensent ainsi et ceux qui ne le pensent pas, il n'existe pas de résolution commune, de sorte que nécessairement chacun méprise l'autre en considérant mutuellement leurs réflexions. Tu dois donc toi-même bien examiner si tu es de mon avis, si nous partageons le même point de vue et si, dans nos réflexions, nous devons partir du principe qu'il n'est jamais bien de commettre l'injustice, ni de répondre à l'injustice par l'injustice, ni de faire du mal à quelqu'un en retour d'un mal qu'il nous a fait subir. À moins que tu ne veuilles changer d'avis et que tu ne partages pas ce principe de départ ? Pour moi, il me semble qu'il en va *e* ainsi, maintenant comme toujours. Mais toi, si les choses t'apparaissent autrement, il faut me le dire et t'en expliquer. Sinon, si tu t'en tiens à ce que je viens de dire, écoute la suite.

Exercice
Quelle est la fonction de ce paragraphe dans le déroulement du dialogue entre Criton et Socrate ?

85

Criton
Je ne bouge pas, je partage ton point de vue. Tu peux continuer.

12. La loi du talion était très répandue dans la mentalité grecque. Mais les Grecs sont aussi à l'origine d'une conception plus rationnelle de la loi qui s'oppose à l'esprit de vengeance de la loi du talion. C'est à cette justice plus rationnelle que fait appel Socrate dans ce passage. Voir *La République*, 1, 335 *b-e*.

Exercice
Quelle est la fonction des paragraphes 86 et 88 dans le déroulement du dialogue entre Socrate et Criton ?

86

Socrate
Dans ce cas, voici la suite. Ou plutôt laisse-moi te demander : si on est d'accord avec quelqu'un pour reconnaître qu'une chose est juste, faut-il la faire ou manquer à sa parole ?

87

Criton
Il faut la faire.

88

Socrate
Partant de là, vois ce qui en découle. Si nous nous
50 *a* enfuyons d'ici sans avoir obtenu le consentement de la Cité, ferons-nous du tort à quelqu'un, et notamment à ceux à qui nous devrions en faire le moins possible, oui ou non ? Et sommes-nous fidèles aux positions que nous tenons ensemble pour justes, oui ou non ?

89

Criton
Je ne me sens pas capable de répondre à ta question, Socrate, je ne comprends pas.

Prosopopée (n.f.)
Du grec *prosôpon*, « personne », et *poieîn*, « faire ». Procédé par lequel l'orateur ou l'écrivain prête la parole à des êtres inanimés, à des morts ou à des absents.

Dialogue de Socrate avec les Lois et prosopopée des Lois

Exercices
À l'aide du dictionnaire, différenciez trois **définitions** possibles du concept de loi : dans son sens juridique, moral et scientifique.
Quel est le premier argument des Lois pour convaincre Socrate de les respecter ?

90

Socrate
Eh bien, considère-la de la manière suivante. Alors que nous serions sur le point de nous évader – appelle ça du nom qui te conviendra –, les Lois et la Cité dans son ensemble s'approcheraient de nous, elles se dresseraient devant nous et elles nous interrogeraient : « Dis-nous, Socrate, que te proposes-tu de faire ? Cette action dont tu fais le projet et qui est ton affaire, est-ce autre
b chose que le projet de nous détruire, nous, les Lois, et toute la Cité ? Crois-tu vraiment que cette Cité puisse subsister sans être bouleversée, si les jugements qui y

sont promulgués demeurent privés de suites et si chacun des citoyens individuellement peut leur enlever leur force et les réduire à néant ? »

Promulguer (v.tr.)
Rendre une loi ou un jugement exécutoire en attestant officiellement et formellement de son existence.

91

Que pourrons-nous répondre, Criton, à ces questions et aux autres du même genre ? Nous pourrions certes, et un orateur[13] encore plus, élaborer bien des réponses, pour défendre cette loi menacée de destruction, en vertu de laquelle les jugements promulgués doivent conserver leur autorité. Voudrons-nous répliquer en *c*
disant : « La Cité a été injuste à notre endroit, elle n'a pas rendu un jugement juste » ? Est-ce cela que nous répondrons, ou quelque chose d'autre ?

Exercice
Quelle est l'objection de Criton que Socrate prévoit ?

92

Criton
Non, par Zeus, c'est cela, Socrate !

93

Socrate
Mais alors, supposons que les Lois nous disent : « Est-ce bien cela, Socrate, dont nous avions convenu, nous et toi ? N'est-ce pas plutôt que tu te rangerais aux jugements rendus par la Cité ? » Et si nous montrons de l'étonnement en entendant ces paroles, elles pourraient bien continuer en disant : « Ne t'étonne pas, Socrate, de ce que nous venons de dire, mais réponds-nous, puisque tu as l'habitude de procéder par questions et réponses. Voyons, que nous reproches-tu, à nous et à *d*
la Cité, pour faire ainsi le projet de nous détruire ? Ne

Exercices
Formulez en une phrase l'argument par lequel les lois répondent à l'objection de Criton.
Faites un **résumé** des paragraphes 93, 94 et 95 en moins de 10 lignes.

13. Une sorte d'« avocat » était préposé à la défense, devant l'Assemblée du peuple, lorsqu'une loi était menacée d'abrogation.

reconnais-tu pas d'abord que c'est nous qui t'avons donné naissance, que c'est par notre entremise que ton père a pris la main de ta mère et qu'il t'a engendré ? Parle donc, as-tu des reproches à faire à ces lois qui parmi nous règlent les mariages ? Ont-elles à tes yeux quelque chose de blâmable ? » Je leur répondrais que je n'ai rien à leur reprocher. « Mais peut-être as-tu quelque chose à reprocher aux lois qui ont à voir avec le soin des enfants et avec l'éducation, cette éducation dans laquelle tu as toi-même été formé ? Avaient-elles quelque chose de blâmable ces lois de l'enfance et de l'éducation, par exemple celles qui prescrivaient à ton père de te former dans les disciplines de la musique et de la
e gymnastique[14] ? » Je dirais alors que ces lois étaient excellentes.

94

Exercice

Formulez en vos mots les propositions sur lesquelles les Lois appuient ce deuxième argument qui réfute l'objection de Criton.

« Bien, poursuivraient-elles. Après que tu as été mis au monde, après que tu as été élevé et éduqué, pourrais-tu, pour commencer, prétendre que tu ne nous appartenais pas, que tu n'étais pas notre **progéniture**, et même notre serviteur[15], toi, de même que tes ancêtres ? Et s'il en est ainsi, voudras-tu croire ensuite que le juste soit placé sur le même pied pour toi et pour nous, et que dès lors tout ce que nous aurons entrepris de faire pour toi, tu puisses trouver juste de le retourner contre nous ? Voyons, le juste ne saurait être le même également pour toi et pour ton père, ou encore pour ton
51 *a* maître si par hasard tu en avais un, de sorte que tu ne pourrais pas retourner contre eux ce qu'ils t'auraient contraint de faire, ni leur rendre injure pour injure, ni coup pour coup, ni rien de ce genre. Et à l'égard de la **Patrie**, à l'égard de ses lois, il te serait possible de faire n'importe quoi, de telle sorte que si nous concevons de te faire périr parce que nous croyons qu'il est juste de le

Progéniture (n.f.)
Les enfants, par rapport aux parents ; la descendance.

Patrie (n.f.)
En grec, *patria gê*, « la terre des pères ».

14. La musique et la gymnastique sont les deux aspects les plus importants de l'éducation traditionnelle des Athéniens. La musique est pour les Grecs l'art des Muses, qui comprend la poésie épique et tragique accompagnée de la flûte et de la cithare. Voir *La République*, livre II, 376 *e* et suiv., et livre III, 403 *c* et suiv.

15. Voir *La République*, livre VIII, 562 *e* et suiv.

faire, tu pourrais, toi, mettre toute ton énergie à nous détruire, nous, les Lois, et aussi la Patrie ! Et en faisant cela, tu oseras dire que tu fais une action juste, toi dont le souci le plus authentique est la vertu !

95

« Es-tu donc si sage que tu aies oublié que la Patrie demande plus de **vénération** que mère et père, plus encore que tous les ancêtres, qu'elle est plus respectable et plus sacrée et qu'au regard des dieux, aussi bien que *b*
dans le jugement des hommes sensés, elle mérite la part la meilleure ! Oui, il faut honorer la Patrie, il faut se soumettre à elle et la respecter plus qu'un père quand elle exige de nous. Il faut ou bien chercher à la convaincre, ou alors exécuter ce qu'elle ordonne et subir sereinement ce qu'elle demande qu'on endure ; il faut se laisser frapper, il faut se laisser enchaîner ou conduire au combat pour y être blessé et pour y trouver la mort. Tout cela, il faut le faire, puisque c'est le juste qui l'exige. Et on ne doit pas se dérober, ni se retirer, ni abandonner son poste, mais au combat, au tribunal, partout, il faut faire ce qu'ordonnent la Cité et la Patrie, ou alors il faut la convaincre en recourant à ce qu'est *c*
par nature le juste. Contraindre sa mère ou son père par la violence, n'est-ce pas **impie** ? Et si tel est le cas à l'égard des parents, n'est-il pas encore plus impie de violenter la Patrie ? » Que répondrons-nous à cela, Criton ? Les Lois disent-elles la vérité ou non ?

Exercices
Repérez la thèse développée dans ce paragraphe.
Répondez à la question que Socrate pose à Criton dans un texte argumentatif.

Vénération (n.f.)
Grand respect, admiration.

Impie (adj.)
Qui témoigne d'un mépris pour la religion.

96

Criton
Il me semble qu'elles disent vrai.

97

Socrate
« Vois donc maintenant, Socrate, pourraient ajouter les Lois, si nous n'avons pas raison d'affirmer que ce que tu entreprends de faire contre nous n'est pas juste. Nous qui t'avons mis au monde, nous qui t'avons élevé, nous qui t'avons éduqué, nous qui t'avons donné, ainsi qu'à *d*
tous les autres citoyens, tout ce qui avait de la valeur pour nous, nous proclamons publiquement que tout

Exercice
Résumez en une phrase l'argument des Lois.

Colonie (n.f.)
Territoire étranger occupé par des Athéniens qui gardent avec Athènes un lien de dépendance.

Athénien qui le souhaite, pour autant qu'il ait accédé au
statut de citoyen[16] et après qu'il a pris connaissance du
cours des affaires de la Cité et de nous autres, les Lois, a
le pouvoir de quitter Athènes et d'aller où il veut en
emportant tous ses biens, si nous ne lui plaisons pas.
Aucune d'entre nous n'y fait obstacle. Si l'un d'entre
vous souhaite quitter Athènes pour aller dans une
colonie, parce qu'il ne se plaît pas dans la Cité avec
nous, ou même si l'un d'entre vous désire immigrer
e ailleurs et partir au loin dans un endroit qui l'attire avec
tous ses biens, aucune loi ne l'en empêche.

98

Exercice
Quelle est la source de l'obligation du citoyen envers les Lois ?

« Mais si quelqu'un de vous demeure ici et qu'il peut
être témoin de nos façons de rendre la justice et d'administrer les affaires de la Cité, alors nous prétendons que
celui-là a pris en fait l'engagement de faire ce que nous
ordonnons de faire ; et nous affirmons que s'il n'obéit
pas, il commet trois fois l'injustice, puisqu'il n'obéit pas
aux lois qui lui ont donné naissance, puisqu'il n'obéit
pas aux lois qui l'ont élevé et que, s'étant engagé à nous
obéir, il nous désobéit sans chercher à nous convaincre
52 *a* que peut-être ce que nous faisons est injuste. Et pourtant, c'est sans dureté que nous exigeons les actions que
nous ordonnons, nous les proposons en ouvrant la possibilité de choisir entre deux avenues : chercher à nous
persuader, ou alors accomplir ce que nous demandons.
Et celui-là ne veut ni l'un ni l'autre ! Eh bien, Socrate,
toutes ces accusations, nous disons que tu en seras
l'objet, si tu fais ce que tu as en tête : de tous les Athéniens, ce n'est pas toi qui en seras le moins l'objet, mais
c'est bien toi qui le seras le plus ! »

99

Exercice
Faites un résumé de ce paragraphe en quelques phrases.

Et si ensuite je leur demandais : « Mais pour quelle raison ? », peut-être seraient-elles justifiées de rétorquer
durement que je suis un des Athéniens qui ont le plus
b manifesté leur accord à l'égard de ces ententes. Elles me

16. Socrate fait ici allusion au serment par lequel l'*éphèbe*, jeune Athénien, est investi, à 18 ans, de ses droits civiques.

diraient alors : « Socrate, il existe des preuves fortes qui démontrent que nous te plaisions, nous, la Cité et les Lois. Tu ne te serais pas tenu enfermé dans cette Cité, à la différence de tous les autres Athéniens, si elle ne t'avait plu autrement plus qu'à tous les autres ! Au point que tu ne t'es jamais joint à un cortège pour aller en procession à l'extérieur, sauf peut-être une fois pour aller à l'Isthme[17], encore moins pour aller dans un pays étranger, sauf en expédition militaire. Tu n'as jamais voyagé nulle part, contrairement aux autres, tu n'as jamais éprouvé le désir de connaître une autre Cité ou d'autres Lois, tellement tu étais satisfait de notre Cité et de nos Lois. Tu nous préférais donc absolument et ainsi *c* tu acceptais formellement de vivre comme un citoyen de notre cité. C'est dans cette cité que tu as donné naissance à tes enfants, prouvant ainsi à quel point elle avait ta **prédilection**. Considère encore ceci : durant le procès, il t'était possible de choisir l'**exil**[18], si tu l'avais voulu, et ainsi le projet que tu **fomentes** aujourd'hui contre la volonté de la Cité, tu aurais pu y donner suite avec son consentement !

Prédilection (n.f.)
Du latin *dilectio*, « amour ». Préférence marquée pour quelqu'un, pour quelque chose.

Exil (n.m.)
Action d'expulser quelqu'un hors de sa patrie ; condition de celui qui est ainsi banni.

Fomenter (v.tr.)
Susciter des actions, des sentiments violents et destructeurs.

100

« Mais non, tu avais fière allure, tu ne te révoltais pas à la perspective de devoir mourir, mais tu disais même préférer la mort à l'exil ! Maintenant, tu n'a pas honte de ces paroles et sans te soucier de nous, les Lois, tu fais le projet de nous détruire, tu te prépares aux *d* actions que l'esclave le plus lâche voudrait entreprendre, en faisant le projet de t'évader en dépit de notre pacte et de l'accord formel, que tu avais **entériné**, de vivre en citoyen selon les lois de la Cité. Réponds-nous donc, dis-nous d'abord si nous avons raison d'affirmer que tu as convenu formellement de vivre en citoyen selon les Lois, concrètement et pas seulement en paroles ? Est-ce vrai ? »

Exercice
Quelle est la fonction de ce paragraphe ?

Entériner (v.tr.)
Admettre comme valable, approuver (juridiquement).

Que répondrons-nous, Criton ? Ne devrons-nous pas le reconnaître ?

17. Les Jeux isthmiques se déroulaient à Corinthe.
18. Voir *Apologie*, 37 *c* et suiv. ; *Phédon*, 99 *a*.

101

Criton
Par la force des choses, Socrate.

102

Exercice
Quelle est la fonction de ce paragraphe ?

Lacédémone (Sparte)
Ancienne cité aristocratique et militaire de Grèce, dans le Péloponnèse ; rivale d'Athènes.

Crète
Île grecque de la Méditerranée orientale, limitant au sud la mer Égée. (Voir la carte, p. 139.)

Barbare (adj.)
Du grec *barbaros*, « étranger ». Qui n'est pas grec.

Socrate
e « Que fais-tu donc, alors, diraient-elles, sinon contour-
ner les ententes qui nous constituent, nous les Lois, et
les accords auxquels tu t'es engagé sans que rien ne t'y
contraigne, sans qu'on t'ait trompé, sans qu'on t'ait
forcé à prendre une décision dans un délai trop court,
puisque tu as disposé de soixante-dix ans pour y réflé-
chir. Pendant tout ce temps, tu étais libre de partir, si
nous ne te convenions pas et si nos accords avaient
cessé de te paraître justes. Or, tu n'as préféré ni **Lacédé-**
53 *a* **mone** ni la **Crète**, dont tu as toujours saisi l'occasion de
vanter la législation, ni aucune autre cité grecque ou
barbare, et tu t'es moins éloigné de la Cité d'Athènes
que les infirmes, les aveugles et les autres personnes
souffrant d'invalidité. Tu vois bien que nous te plai-
sions, la Cité et nous, les Lois, plus encore qu'à tous les
autres Athéniens, car comment une Cité plairait-elle à
quelqu'un sans que ses Lois lui conviennent ? Et main-
tenant tu ne seras plus fidèle à tes engagements ? Crois-
nous, Socrate, ne le fais pas, ne fais pas rire de toi en
fuyant la Cité !

103

Exercice
Dans les paragraphes 103 à 106, dégagez la thèse défendue et les arguments qui la soutiennent.

Escompter (v.tr.)
S'attendre à (quelque chose), espérer.

Thèbes
Ville de Grèce, en Béotie. La légende y situe le drame d'Œdipe.

« Réfléchis un peu. En violant nos accords, tu commets
une faute, mais quel bien en **escomptes**-tu pour toi-
b même ou pour tes amis ? N'est-il pas clair qu'ils pren-
nent le risque, comme toi, d'être condamnés à l'exil,
d'être privés de leur droit de cité, de perdre leur for-
tune ? Mais pour parler de toi d'abord, si tu te rends
dans une ville voisine, **Thèbes** ou **Mégare** par exemple,
puisque l'une et l'autre ont de bonnes lois, tu y arrive-
ras, Socrate, en ennemi de leur constitution, et tous
ceux qui là-bas sont attachés à leur ville te considére-
ront de travers, comme si tu menaçais de détruire leurs
lois. De la sorte, tu renforceras l'opinion de ceux qui

croient que les juges ont rendu un jugement juste. Qui- *c*
conque, en effet, détruit les Lois passe à juste titre pour
quelqu'un qui est susceptible de corrompre les jeunes
gens et les esprits mal avertis. Faudra-t-il que tu te tien-
nes loin des villes qui ont de bonnes législations et dont
les citoyens sont bien disciplinés ? Si tu fais cela, vivre
aura-t-il encore de la valeur pour toi ? Ou alors voudras-
tu les fréquenter et auras-tu le front d'entrer en dis-
cussion avec eux ? Mais, dis-nous, Socrate, au moyen
de quels arguments le ferais-tu ? Est-ce en disant ce que
tu répétais ici, que la vertu et la justice sont ce qu'il y a
de plus estimable pour l'humanité, tout comme les
usages et les lois ? Ne penses-tu pas que le compor- *d*
tement de Socrate paraîtra absurde dans ces circons-
tances ? Il faut vraiment que tu le croies !

104

« Mais peut-être t'éloigneras-tu de ces régions-là, pour
aller en Thessalie chez les **hôtes** de Criton ? C'est là que
règnent le plus grand désordre et la plus grande indisci-
pline, et peut-être y écouterait-on avec plaisir le récit
bouffon de ton évasion de la prison, ton déguisement
sous des vêtements de peau ou quelque autre travestis-
sement du genre de ceux qu'utilisent les esclaves qui
s'enfuient, bref le fait que tu aies dû prendre l'appa-
rence d'un autre. Raconteras-tu comment, déjà vieux,
alors qu'il ne te restait selon toute vraisemblance *e*
qu'une brève tranche de vie, tu as eu l'audace de mani-
fester ce désir indécent de vivre, violant les lois les plus
fondamentales ? Penses-tu qu'on ne te questionnera
pas ? Peut-être, à la rigueur, si tu ne blesses personne.
Mais autrement, tu devras supporter d'écouter bien des
propos indignes sur ton compte. Tu devras vivre en te
faisant accepter des autres, en devenant leur esclave[19],
et cela comment le réussiras-tu, sinon en t'adonnant
aux mœurs faciles de la Thessalie, comme si tu t'étais
rendu là-bas dans le seul but d'y **faire banquet** ? Et alors

Mégare
Ville de Grèce, sur l'isthme de Corinthe. Elle fonda de nombreuses colonies, dont Byzance. Ses démêlés avec Athènes déclenchèrent la guerre du Péloponnèse.

Usage (n.m.)
Pratique, coutume établie depuis longtemps et qu'il convient de suivre.

Hôte (n.m.)
Personne qui donne l'hospitalité.

Faire banquet (loc.v.)
Faire la fête, faire bonne chère.

19. Voir *Protagoras*, 339 *a* et *b*, 345 *d* et 346 *b*.

54 *a* nos beaux discours sur la justice et sur les autres vertus, que seront-ils devenus pour nous ?

105

« Mais sans doute est-ce pour tes enfants que tu désires vivre, pour pouvoir les élever et faire leur éducation ? Quoi ? Veux-tu les emmener en Thessalie pour les élever et les éduquer comme des étrangers, afin qu'ils t'en soient redevables ? Ne crois-tu pas plutôt qu'au lieu de les emmener là-bas, alors que tu seras avec eux bien en vie, c'est ici qu'ils seront mieux élevés et mieux éduqués alors même que tu seras absent ? Ce seront tes amis qui auront soin d'eux. Mais si tu partais pour la Thessalie, imagines-tu que tes amis prendraient soin de tes enfants, alors que si tu t'en vas dans l'Hadès, ils ne le feraient
b pas ? Si vraiment tu dois attendre quelque chose de valable de ceux qui se disent tes amis, tu dois le croire.

106

« Allons, Socrate, tu dois croire en nous, les Lois, qui t'avons fait ce que tu es, ne mets ni tes enfants, ni ta propre vie, ni quoi que ce soit au-dessus de ce qui est juste, afin qu'arrivé dans l'Hadès tu puisses recourir à ces arguments pour faire ta propre **apologie** auprès de ceux qui gouvernent là-bas[20]. Accomplir les actions que tu projettes ne semble pas, en effet, constituer la conduite la meilleure, ni la plus juste et la plus pieuse, pour toi-même et pour aucun des tiens, et à ton arrivée là-bas elle ne sera pas meilleure. Aujourd'hui, si tu quittes la vie, tu t'en iras condamné injustement, non
c pas par nous, les Lois, mais par des hommes. Si, au contraire, tu t'évades en répondant honteusement à l'injustice par l'injustice et en rendant le mal pour le mal, en violant tes propres accords et tes engagements envers nous, en faisant du tort à ceux qui en méritent le moins, toi-même, tes amis, la Patrie et nous-mêmes, nous ne te rendrons pas la vie facile, et dans l'Hadès, nos sœurs, les Lois qui règnent là-bas, ne te feront pas

Exercice
Qui est Hadès ?

Apologie (n.f.)
Du grec *apologia*, « défense ». Discours ou écrit destiné à convaincre de la justesse de quelque chose, à assurer la défense de quelqu'un.

20. Voir *Apologie*, 41 *a*.

bon accueil, sachant que tu as entrepris dans la mesure de tes moyens de nous détruire. Allons, ne laisse pas Criton te persuader de faire ce qu'il t'enjoint de faire, mais obéis-nous. »

107

Voilà, Criton, mon cher compagnon, ce que je crois d
entendre, sache-le bien, comme les initiés aux mystères des corybantes[21] croient entendre des flûtes. En moi, l'écho de ces paroles résonne au point de m'empêcher d'entendre quoi que ce soit d'autre. Sache encore, c'est en tout cas ce que j'en pense maintenant, que tout ce que tu voudras apporter comme argument en sens contraire, tu le diras pour rien. Mais si, néanmoins, tu crois pouvoir obtenir davantage, parle.

Exercice
Faites le résumé des arguments des Lois dans le *Criton*.

Mystère (n.m.)
Culte secret, rite initiatique apportant la vérité et le salut dans certaines religions anciennes pratiquées en Grèce ou en Orient.

Corybante (n.m.)
Prêtre du culte de Cybèle, déesse de Phrygie, qu'on appelle aussi la Grande Mère ou la Mère des dieux.

108

Criton
Non, Socrate, je n'ai plus rien à dire.

Exercice
Imaginez une prosopopée dans laquelle interviennent les chartes des droits.

109

Socrate
Laisse donc, Criton, et faisons les choses comme je l'ai dit, puisque c'est dans cette voie que le dieu nous conduit.

Exercices
À quel dieu Socrate fait-il allusion ?
Quels sont le **thème** et l'**idée principale** du *Criton* ? Faites le résumé du texte du *Criton*.

21. Les corybantes accompagnent la déesse Cybèle. Le culte de cette déesse, très répandu en Asie Mineure, s'accompagne de repas sacrés et de rites expiatoires où le fidèle est aspergé du sang d'un taureau. Voir *Ion*, 535 *e* et suiv. et 536 *e* ; *Euthydème*, 277 *d* et suiv. ; *Le Banquet*, 215 *e*.

La prison de Socrate à Athènes. Collection Viollet

« Aujourd'hui, si tu quittes la vie, tu t'en iras condamné injustement, non pas par nous, les Lois, mais par des hommes. » (*Criton*, 54 *b*)

EXERCICES DE SYNTHÈSE

Faites une réflexion philosophique sur les questions suivantes en précisant vos arguments, vos objections et vos réfutations. Il serait utile de consulter les autres sections du présent volume.

1. Les experts sont-ils, comme le soutient Socrate, mieux en mesure de nous guider que l'« opinion de tout le monde » dans les questions morales ? (47 *d*)
2. Le plus important est-il de vivre ou de bien vivre ? (48 *b*)
3. Comme Socrate le suggère à Criton, faut-il en toute circonstance respecter les principes que nous nous fixons ? (46 *b*, *d* et 49 *b*)
4. Socrate aurait-il dû s'évader ?
5. Que penser de l'affirmation suivante de Socrate : « Il n'est jamais bien de commettre l'injustice, ni de répondre à l'injustice par l'injustice, ni de faire du mal à quelqu'un en retour d'un mal qu'il nous a fait subir » ? (49 *d*)
6. Accepter de vivre dans un pays, est-ce s'engager à respecter ses lois ?
7. Avons-nous l'obligation morale d'obéir aux lois ?
8. La loi est-elle le reflet de la volonté du peuple ou celui de la volonté du plus persuasif (par la force, l'argent ou autrement) ?
9. La loi est-elle un facteur d'épanouissement des individus ou un facteur d'aliénation et de contrainte ?
10. La multitude doit-elle être consultée sur les lois à adopter ?
11. Jusqu'où peut-on aller pour obtenir des lois justes ?
12. Avons-nous une responsabilité morale envers nos concitoyens ?

13. Vaut-il la peine de mourir pour ses idées ?

14. Socrate a-t-il failli à son devoir envers ses enfants en refusant de sauver sa vie ?

15. La loi ne doit-elle pas être remplacée par la vertu ?

16. La démocratie peut-elle rendre les citoyens vertueux ?

17. Quelle est la question philosophique centrale du *Criton* ?

Pour répondre aux questions 18 à 23, l'étudiant doit avoir lu la section « Les sophistes ».

18. La loi naturelle prime-t-elle la loi positive ? Discutez-en à partir des positions des sophistes Hippias et Antiphron.

19. La loi est-elle la volonté du plus fort ? Discutez-en à partir des positions de Thrasymaque dans *La République*.

20. Pourquoi les plus forts seraient-ils tenus de se soumettre aux lois ? Référez-vous aux propos de Calliclès, personnage de *La République*.

21. Quelle est l'origine de la loi ? Est-ce la défense des faibles contre les forts ?

22. Les lois doivent-elles refléter le désir du plus grand nombre ou avoir une valeur éducative ?

23. Comparez la position de Socrate sur le respect des lois à celles des sophistes. (49 *a*)

TROISIÈME PARTIE

Le modèle socratique

Les sophistes

Platon

LE MODÈLE SOCRATIQUE

Socrate affirme que la vérité* est accessible à la raison*. Bien qu'il croie aux dieux, il considère que la connaissance est une tâche humaine. Par sa confiance en l'esprit humain et par les moyens qu'il suggère pour le faire progresser, il est un modèle pour la pensée. Les philosophes présocratiques ont, de la même façon, confié à la raison la tâche de faire progresser la connaissance ; ils s'occupent surtout des phénomènes naturels. Socrate se désintéresse de la connaissance de la nature et se consacre à la réflexion sur l'humain et son action. Nous analyserons deux pôles de sa démarche, soit l'exigence de rationalité et la rectitude morale. Nous comprendrons mieux ensuite l'argumentation par laquelle il prend, avec Criton, la décision d'obéir aux lois plutôt que de sauver sa vie.

1. L'EXIGENCE DE RATIONALITÉ

L'IGNORANCE DE SOCRATE

Socrate est persuadé que de savoir que l'on ne sait rien est le début de la sagesse. La condition indispensable pour accéder à la connaissance et à la réflexion est d'être conscient de son ignorance ; on doit accepter de faire table rase de tout préjugé pour reprendre le processus de réflexion à son point de départ, qui est le questionnement. Devant tout problème, surtout s'il est sérieux, il faut prendre de la distance et un temps de réflexion. Socrate reste fidèle à ce principe lorsque, à la veille de son exécution, Criton lui offre de s'évader de sa prison.

Le questionnement critique est une forme d'examen. C'est cette distance et cette démarche critique que Socrate suggère à Criton, son bon ami qui voudrait le sauver :

> Il faut donc que nous examinions ensemble s'il convient de se résoudre à ces actions ou non. Pas seulement aujourd'hui mais depuis toujours, je suis de nature à ne me laisser persuader par rien d'autre que par la raison qui m'apparaît la mieux argumentée[1].

1. *Criton*, 46 *b*.

Aucun crédit ne sera accordé aux arguments* de Criton lorsqu'il s'appuie sur l'opinion de la foule ; ce dernier se préoccupe de ce que les gens penseront de lui : on le dira plus soucieux de son argent que de sauver son ami. Savoir que l'on ne sait rien, c'est d'abord rejeter ce faux savoir qu'est l'opinion générale.

Sommaire (adj.) Exposé en peu de mots ; succinct.

Socrate rejette aussi la définition **sommaire** du devoir que son disciple lui propose ; Criton soutient que le devoir de ses amis est de le sauver, que lui-même, Socrate, a le devoir de tenir compte de leur douleur, que son premier devoir est envers lui-même et ses fils. Où le devoir de Socrate peut-il être si ce n'est là ?

Rigueur (n.f.) Grande exactitude, exigence intellectuelle.

Ces arguments ne sauraient satisfaire Socrate. Il faut questionner et on doit le faire avec **rigueur** afin de se fixer des principes* solides pour déterminer les décisions à prendre. Ce cheminement se fait dans le dialogue*.

Certes, l'ignorance est parfois chez Socrate une feinte qui lui permet de démasquer la faiblesse de l'adversaire. Il interroge avec une naïveté qui cache mal sa maîtrise de la situation : il conduit délibérément son interlocuteur vers la contradiction de ses propres opinions. Pour qualifier Socrate, on employait le terme *eiron* (d'où le mot *ironie*), qui signifie « dissimulé » ; il est celui qui prétend qu'il ne sait rien. On parle ainsi de l'ironie socratique. Ne la voyons-nous pas à l'œuvre dans le *Criton* ? Ne pourrions-nous pas croire que sa décision est prise dès le début et qu'il s'intéresse plutôt à la faire accepter par son interlocuteur ?

LA MÉTHODE SOCRATIQUE

Le dialogue

Socrate entend conduire la discussion avec Criton vers un accord fondé sur la raison. Il appuie sa décision sur des principes que lui et son ami admettent :

> C'est donc sur la base de ce que nous reconnaissons en commun qu'il convient d'examiner s'il est juste ou non que j'essaie de sortir d'ici sans l'autorisation des Athéniens[2].

Le dialogue amical et la parole rationnelle sont deux éléments fondamentaux de la méthode socratique.

2. *Criton*, 48 *b* et *c*.

La méthode de Socrate est dialectique* ; ce mot est de la même famille que le mot « dialogue ». L'échange d'idées entre deux personnes qui discutent de bonne foi est le meilleur moyen de cheminer vers la vérité. Cet échange se fait dans l'amitié. Il importe qu'à chaque étape du dialogue les interlocuteurs en viennent à un accord avant de passer à l'étape suivante. Socrate procède ainsi dans son cheminement avec Criton.

La dialectique suppose un mouvement de la pensée questionnante qui nous élève, grâce au dialogue, vers une connaissance de nature supérieure (dialectique ascendante). Ce mouvement part de la connaissance du monde divers et concret que nous observons par les sens (le monde **sensible**), et nous conduit vers celui plus abstrait des idées* ou des principes (le monde **intelligible**). Cette ascension consiste à reconnaître dans la diversité du réel des notions qui nous permettent de nous élever jusqu'à la définition* et jusqu'à l'idée **universelle**.

Sensible (adj.)
Perçu par les sens.

Intelligible (adj.)
Qui est connaissable par l'intelligence et non par les sens.

Universel, elle (adj.)
Du latin *universus*, « tout entier ». Qui embrasse la totalité des êtres et des choses.

Acquiescer (v.tr.)
Du latin *acquiescere*, « se reposer ». Consentir, dire oui.

La première étape du raisonnement dialectique est appelée l'induction*. Elle est un processus de pensée qui permet de passer de propositions singulières à des propositions plus générales ou universelles. L'induction se fait par des questions auxquelles l'interlocuteur doit répondre ou par une série d'affirmations auxquelles il doit **acquiescer**. C'est ce dernier qui doit trouver la vérité par ses propres raisonnements et accéder à l'universalité de l'idée.

Il s'agit ensuite de prendre ces principes comme points de départ d'une réflexion qui conduit vers des applications concrètes (dialectique descendante). Cette étape est celle de la déduction*. À partir d'une ou de plusieurs propositions qui sont des présupposés ou des principes, il est possible de conclure à la validité d'une autre proposition.

La dialectique est fondée sur l'échange ; elle suppose chez chacun des interlocuteurs la liberté d'esprit nécessaire pour s'interroger sans préjugés et de bonne foi ; c'est pourquoi Socrate ne s'en remet ni à la religion, ni à la tradition, ni à la conscience collective pour établir ses idées. La parole doit rester libre pour n'admettre comme règles que celles qui sont liées au cheminement de la pensée vers la vérité. Cette confiance dans les capacités de la raison et la valeur de la confrontation des idées dans la parole libre est le propre de la méthode selon laquelle Socrate conduit le dialogue. Socrate donne le nom de maïeutique* à sa méthode.

Littéralement, la maïeutique est l'art d'accoucher. Socrate se compare à sa mère qui était sage-femme (*maïa*) ; cependant, plutôt que

Accouchement. Votives d'Oropos, Athènes. Snark/Edimedia Publiphoto
À l'instar de la *maïa* qui aide à l'accouchement, Socrate œuvre à l'enfantement des idées.

d'aider à la naissance des enfants, il œuvre à l'enfantement des idées ; c'est l'interlocuteur qui fait tout le travail pour progresser vers la vérité. Socrate ne fait que l'accompagner en lui posant des questions qui soit lui font voir des contradictions dans sa pensée, soit lui indiquent des voies à suivre pour la développer.

Le cheminement dialectique

Criton, suivant la démarche dialectique proposée par Socrate, abandonne de lui-même son souci de l'opinion du plus grand nombre. Cette démarche est la suivante : Socrate fait d'abord appel à la connaissance qu'ils ont tous deux de la gymnastique et ils se mettent d'accord sur le fait que, dans cet exercice, l'opinion de l'expert vaut mieux que celle du grand nombre. Il poursuit la discussion en faisant admettre à Criton que l'athlète qui désobéit à son médecin ou à son entraîneur pour suivre l'avis de la foule sans expertise fait du mal à son corps. Il faut conclure que, dans les affaires relatives à la gymnastique, les jugements de l'expert valent mieux que ceux des gens sans compétence.

La discussion amorcée sur un sujet facilement observable comme la gymnastique prend un mouvement ascendant lorsque Socrate demande à Criton de transposer sa conclusion au cas de la justice, de la beauté et du bien :

> Qu'il s'agisse donc des choses justes et injustes, des choses belles et laides, des choses bonnes et mauvaises, tout cela sur quoi nous délibérons, ne faut-il pas suivre et respecter, plutôt que l'opinion de tout le monde, l'opinion du seul expert, s'il existe, qui commande notre déférence et notre respect ? Son opinion plutôt que celles de tous les autres mis ensemble ? Si nous lui désobéissons, nous ruinerons ou nous endommagerons cela même qui devient meilleur par la justice et se corrompt par l'injustice[3].

3. *Criton*, 47 *c* et *d*.

La conclusion s'impose : « [...] accordons plutôt toute l'importance au jugement de celui qui s'y connaît en fait de justice et d'injustice, lui qui seul connaît la vérité elle-même[4]. » Criton est forcé de se contredire en admettant que l'opinion du grand nombre vaut moins que celle de l'expert et il doit concéder que ses arguments fondés sur l'opinion de la foule ne sont pas valables.

Il peut arriver que le dialogue conduise à une aporie*, ce qui signifie une impossibilité de répondre à la question posée. Mais il vaut mieux admettre son impuissance à trouver une réponse à une question que de défendre une mauvaise opinion.

Aporie (n.f.)
Du grec *aporia*, « qui est sans passage ». Impasse de la pensée, impossibilité de conclure.

AIDE-MÉMOIRE

1. *Le dialogue amical et la parole rationnelle sont deux éléments fondamentaux de la méthode socratique.*
2. *La méthode de Socrate est dialectique.*
3. *La dialectique suppose un mouvement de la pensée questionnante qui nous élève, grâce au dialogue, vers une connaissance de nature supérieure.*
4. *Ce mouvement part de la connaissance du monde sensible et nous conduit vers celui du monde intelligible.*
5. *Cette ascension vise la définition et se fait par l'induction.*
6. *L'induction se fait par des questions auxquelles l'interlocuteur doit répondre ou par une série d'affirmations auxquelles il doit acquiescer.*
7. *Il s'agit ensuite de prendre ces principes comme points de départ d'une réflexion qui conduit vers des applications concrètes. Cette étape est celle de la déduction.*
8. *La dialectique suppose chez chacun des interlocuteurs la liberté d'esprit nécessaire pour s'interroger sans préjugés et de bonne foi.*
9. *La maïeutique est une méthode pour aider l'interlocuteur à trouver la vérité.*
10. *Il peut arriver que le dialogue débouche sur une aporie, c'est-à-dire une impossibilité de répondre à la question posée.*

4. *Criton*, 48 *a*.

LA DÉFINITION

Essentiel (n.m.)
Ce qui constitue le fond d'un être, d'une chose, sans tenir compte des modifications superficielles (accidents) pouvant l'affecter. Ce qui est nécessaire, très important.

La recherche de la vérité est le but de la démarche dialectique ; elle passe par une définition de l'**essentiel**, c'est-à-dire ce que sont les réalités au-delà de leurs manifestations diverses. Définir, c'est répondre à la question « Qu'est-ce que… ? ». Comment savoir enseigner la vertu sans définir ce qu'elle est ? Comment éduquer au courage sans le définir d'abord ? Comment déterminer son action sans une définition du bien et du juste ? Certes, on peut affirmer que quelqu'un est vertueux, qu'un autre a posé un geste courageux ou qu'une décision est juste. Mais que valent ces affirmations sans une connaissance de ce que sont, dans leur essence, la vertu*, le courage* et la justice* ?

Abstraire (v.tr.)
Par une opération de l'esprit, isoler dans un objet une qualité particulière pour la considérer à part.

La définition est le résultat de l'enquête socratique et de la maïeutique. Elle est **abstraite** d'un grand nombre de manifestations du réel par le moyen de l'induction ; elle est une proposition générale tirée d'une multiplicité de situations particulières. Socrate, par une méthode inductive, conduit son interlocuteur à tirer de la diversité du concret des principes universels qui seront applicables par la suite à des situations particulières.

Imminence (n.f.)
Caractère de ce qui va se produire dans très peu de temps.

La définition conduit donc à l'universel. Une fois établie, si elle a été bien constituée, elle est constante, quelles que soient les circonstances. En ce sens, Socrate signifie clairement à Criton qu'il entend s'en tenir aux positions qu'il a préalablement déterminées, malgré la gravité du moment et les conséquences de leur entretien. Ces positions sont l'application de définitions auxquelles il en est venu après discussion avec ses disciples. L'**imminence** de la mort ne saurait lui faire renoncer à celles-ci :

> Était-il juste de dire, chaque fois que nous en avons discuté, que notre esprit doit suivre certaines de ces opinions, d'autres non ? Ou bien cette position qui était juste alors que je n'étais pas sur le point de mourir, n'est-il pas clair qu'elle ne devient maintenant qu'une parole sans conséquence, un jeu d'enfant, une niaiserie ? Je voudrais vraiment, Criton, que nous examinions ensemble si cette position nous paraîtra différente compte tenu de ce qui m'arrive, ou si elle demeurera la même : l'abandonnerons-nous ou en ferons-nous notre ferme conviction[5] ?

Socrate est arrivé à établir un certain nombre de propositions dans ses discussions. La première, qu'il rappelle à Criton, est que, parmi

5. *Criton*, 46 *d*.

les jugements, il y en a dont il faut tenir compte et d'autres non. Il refait avec lui la démarche par laquelle ils y sont arrivés. Il reprend ensuite deux autres propositions qui lui servent d'arguments pour justifier sa décision d'obéir aux lois. Ce sont les suivantes : l'essentiel n'est pas de vivre, mais le fait de bien vivre, et le bien*, le beau* et le juste* sont identiques. Criton les accepte d'emblée.

La détermination de l'action ne se fait donc pas sans une définition de concepts à portée universelle, car l'action droite est celle qui correspond à une vérité qui **transcende** la diversité du monde sensible. Cependant, cette vérité n'est pas donnée d'entrée de jeu à l'humain. Seule la conscience individuelle, par une démarche rigoureuse et par l'échange amical du dialogue, peut atteindre la vérité par la définition.

Transcender (v.tr.) Dépasser en étant supérieur ou d'un autre ordre, se situer au-delà de.

AIDE-MÉMOIRE

1. *La recherche de la vérité passe par une définition de l'essentiel.*
2. *La définition est une proposition générale tirée d'une multiplicité de situations particulières par la démarche inductive.*
3. *La définition a une valeur universelle.*
4. *L'action droite est celle qui correspond à une vérité qui transcende la diversité du monde sensible.*

L'ARGUMENTATION DE SOCRATE

Socrate fait progresser la pensée de Criton et la sienne par une série d'arguments qui les conduisent vers une opinion éclairée sur la décision qu'ils ont à prendre. Contrairement à d'autres modèles d'argumentation*, Socrate ne pose pas une thèse* au départ, c'est-à-dire qu'il ne défend pas une réponse qui serait déjà trouvée à la question qui se pose à lui, mais il chemine vers elle. Ses points d'appui ont été annoncés, il s'agit d'en déduire des conclusions.

Il a été admis dans un premier temps que l'opinion générale ne déciderait pas de ce que Socrate doit faire. Socrate apporte ensuite dans l'argumentation deux idées qui servent de principes. La première est que l'essentiel n'est pas de vivre, mais le fait de bien vivre ; son argumentation nous force à admettre que l'essentiel est de vivre selon le bien. La seconde est que le bien, le beau et le juste sont identiques ; la nécessité de vivre selon le bien suppose donc que l'on soit juste : « Il ne faut donc jamais commettre l'injustice » et « Il ne faut pas non plus répondre à l'injustice par l'injustice[6] », conclut Socrate. Toujours en vertu de l'identité du bien et du juste, il est vrai que faire du mal à quelqu'un est injuste[7] et qu'il est injuste de faire du tort à quelqu'un parce qu'il nous en a fait.

Ces positions sont si fondamentales que Socrate sent le besoin de s'assurer que Criton les endosse. C'est ensuite que les deux interlocuteurs pourront s'engager dans une analyse de la question particulière qui leur est soumise. Pour ce faire, ils auront à répondre à deux questions. La première est la suivante : Est-il injuste que Socrate désobéisse aux lois ? Si la réponse est affirmative, Socrate devra s'abstenir de désobéir, même si les lois paraissent avoir été injustes en le condamnant. Or, si Socrate a reconnu qu'il est juste d'obéir aux lois, il s'est engagé auprès d'elles et, en vertu de cet engagement, il lui serait injuste de leur désobéir. La seconde question est la suivante : « Si nous nous enfuyons d'ici sans avoir obtenu le consentement de la Cité, ferons-nous du tort à quelqu'un, et notamment à ceux à qui nous devrions en faire le moins possible, oui ou non ? [8] » Si la réponse est affirmative, il faudra s'abstenir de fuir, puisque Socrate et Criton ont convenu que faire du mal à quelqu'un est injuste.

L'examen de ces deux questions se poursuit dans un dialogue imaginaire entre Socrate et les lois.

AIDE-MÉMOIRE

1. *Selon Socrate, l'essentiel est de vivre selon le bien.*
2. *Vivre selon le bien suppose que l'on soit juste.*
3. *Il ne faut donc jamais commettre l'injustice et il ne faut pas non plus répondre à l'injustice par l'injustice.*
4. *Faire du mal à quelqu'un est injuste et il est injuste de faire du tort à quelqu'un parce qu'il nous en a fait.*
5. *Socrate et Criton devront répondre aux deux questions suivantes : Est-il injuste que Socrate s'enfuie ? et Fait-il du tort à quelqu'un en s'enfuyant ?*

---

6. *Criton*, 49 *b* et *c*.
7. Le bien, le beau et le juste étant identiques, on comprendra que le mal, le laid et l'injuste sont aussi identiques entre eux.
8. *Criton*, 50 *a*.

La prosopopée des Lois

La première question que les Lois adressent à Socrate vise à déterminer si ce dernier fait du mal à quelqu'un en s'enfuyant. Elle est la suivante : « Cette action dont tu fais le projet et qui est ton affaire, est-ce autre chose que le projet de nous détruire, nous, les Lois, et toute la Cité ? » Leur argument est qu'une cité ne peut subsister si les jugements qui y sont promulgués n'ont plus de force. La conviction de Socrate est que l'existence des lois est ce qui constitue la cité et ce qui règle le rapport entre les citoyens. L'absence de lois conduit à l'arbitraire, tel que Socrate l'a vécu sous le régime des Trentes, ces tyrans sanguinaires qui avaient écarté les lois de la démocratie athénienne pour instaurer leur ordre propre.

Cet argument mène à une réflexion sur la responsabilité individuelle devant la collectivité : par ses choix personnels, ses gestes, l'individu engage la collectivité entière ; si lui, Socrate, transgresse la loi, c'est le statut de celle-ci qui se trouve affaibli auprès de toute la collectivité, et la cité est menacée. L'individu ne peut pas échapper à sa responsabilité politique[9].

Socrate prévoit l'objection de Criton : « La Cité a été injuste à notre endroit, elle n'a pas rendu un jugement juste[10]. » Cette objection laisse entendre qu'il est juste qu'on détruise la cité si elle est injuste envers nous. Socrate répond en faisant comprendre à Criton l'importance des lois et de la cité : elles font de l'individu ce qu'il est et ainsi ce dernier leur doit encore plus de respect qu'à un parent. Les lois ont procuré à Socrate une vie qu'il estime bonne. Elles ont organisé le mariage de ses parents et le sien, veillé à son éducation. Parce que la patrie et les lois organisent la vie, elles sont précieuses et sacrées ; le rapport entre l'individu et la loi n'est pas égalitaire et il n'y a pas réciprocité de droits. La patrie et les lois commandent respect et obéissance ; on ne peut donc leur rendre coup pour coup. S'il arrive aux lois d'être accidentellement injustes, il faut subir et non entreprendre de les détruire[11].

Prosopopée (n.f.)
Du grec *prosôpon*, « personne », et *poieîn*, « faire ». Procédé par lequel l'orateur ou l'écrivain prête la parole à des êtres inanimés, à des morts ou à des absents.

Cité (n.f.)
En grec, *polis*, mot servant à désigner un territoire qui possède ses propres lois, ses tribunaux, son gouvernement et ses dieux.

Promulguer (v.tr.)
Rendre une loi ou un jugement exécutoire en attestant officiellement et formellement son existence.

Arbitraire (n.m.)
Caractère de ce qui dépend de la seule volonté, du libre choix, souvent aux dépens de la justice ou de la raison.

Réciprocité (n.f.)
Caractère de ce qui est mutuel, de ce qui s'exerce dans les deux sens.

9. On retrouve cette idée de responsabilité de l'individu dans les choix de la société chez le philosophe contemporain Jean-Paul Sartre, particulièrement dans son œuvre *L'existentialisme est un humanisme*.
10. *Criton*, 50 *c*.
11. Il est à noter ici que si l'on ne doit pas rendre aux lois l'injustice pour l'injustice, ce n'est pas uniquement en vertu du principe préalablement établi, mais en raison du caractère sacré de la patrie. (*Criton*, 51 *a*, *b* et *c*)

Le tort que Socrate fera à la cité et à ses citoyens est d'autant plus injuste qu'il a lui-même reconnu que l'obéissance aux lois était juste. N'avait-il pas convenu qu'il se rangerait aux jugements de la cité ? Il avoue que les lois qui ont présidé à sa naissance et à son éducation sont excellentes. De quel droit les détruirait-il aujourd'hui ? Il peut cependant tenter de convaincre les lois de s'amender si elles sont injustes :

> Tout cela, il faut le faire, puisque c'est le juste qui l'exige. Et on ne doit pas se dérober, ni se retirer, ni abandonner son poste, mais au combat, au tribunal, partout, il faut faire ce qu'ordonnent la Cité et la Patrie, ou alors il faut la convaincre en recourant à ce qu'est par nature le juste[12].

Laïque (adj.) Indépendant des organisations religieuses. Qui relève de la laïcité.

L'obéissance aux lois est un principe supérieur ; le juste exige que l'on cherche à convaincre la loi ou qu'on lui obéisse. Cependant, une loi n'a pas d'existence et de caractère obligatoire sans le consentement des citoyens. La loi est **laïque** et civile. Il y a, à la source de l'obligation morale d'obéissance, un consentement qui est un engagement personnel[13]. C'est parce que Socrate a admis que les lois étaient bonnes qu'il a noué avec elles un engagement ; il serait ainsi injuste qu'il désobéisse sous prétexte que les lois lui sont, dans un cas particulier, défavorables. Certes, il faut d'abord un consentement pour être lié mais, une fois ce consentement donné, il faut respecter son engagement. Cependant, il est permis de discuter les lois afin de les changer[14].

Solennel, elle (adj.) Qui se fait selon les règles, les rites, les formalités. *Faire une déclaration solennelle.*

Auspices (n.m.) Protection, direction.

Cet engagement est d'autant plus fort qu'il est libre. Les lois laissent à tout moment la liberté aux citoyens de quitter la cité. Elles reposent davantage sur un engagement de fait que sur un engagement **solennel**[15] ; c'est la vie quotidienne dans la cité qui le constitue. Que Socrate désobéisse aux lois est donc injuste pour plusieurs raisons : c'est sous leurs **auspices** qu'il est né ; c'est elles qui ont présidé à

12. *Criton*, 51 *b* et *c*.
13. L'idée que l'obligation que nous avons de respecter les lois vient d'une convention à laquelle nous adhérons de notre propre consentement dans l'égalité et la liberté sera développée au XVIIIe siècle par le philosophe français Jean-Jacques Rousseau. Cependant, cette convention n'a pas chez Socrate le caractère fondateur de l'état de société qu'on lui trouve chez Rousseau. (Voir à ce sujet Françoise de Romilly, *La loi dans la pensée grecque*, Paris, Les Belles Lettres, 1971.)
14. *Criton*, 51 *e* et 52 *a*. Cette idée de la nécessité de discuter les lois pour les faire changer tout en leur obéissant a quelque analogie avec la thèse développée par Kant dans son texte *Réponse à la question « Qu'est-ce que les lumières ? »*, où il écrit : « Raisonnez tant que vous voudrez mais obéissez. »
15. Cet engagement existe cependant ; c'est le serment de l'éphèbe.

l'éducation qui a fait de lui ce qu'il est ; et il s'est engagé à leur égard. Il devrait ainsi chercher à convaincre les lois qu'elles doivent être changées et non les défier[16].

Socrate sera d'autant plus coupable que, plus que tout autre, il a accepté les lois ; il n'a jamais quitté la cité d'Athènes, montrant ainsi que ses lois lui plaisaient ; il y a élevé ses enfants ; à son procès, il a préféré la mort à l'exil. Il a ainsi « convenu formellement de vivre en citoyen selon les Lois, concrètement et pas seulement en paroles[17] ».

Exil (n.m.)
Mesure qui consiste à expulser quelqu'un hors de son pays avec interdiction d'y revenir ; état qui en résulte.

Les Lois concluent donc à juste titre que Socrate ferait du mal et serait injuste en leur désobéissant. Il contournerait sans raison les ententes qui les constituent ; ainsi, il les détruirait. De plus, il serait infidèle à des engagements qu'il a eu toute liberté de résilier pendant 70 ans.

Les Lois présentent par la suite un argument supplémentaire à Socrate en lui faisant voir les conséquences qu'aurait sur ses amis et sur lui son acte injuste : ses amis seront exilés, dépouillés de leur fortune ; quant à lui, il sera mal accueilli dans les villes qui ont de bonnes lois et donnera raison aux juges qui ont voté sa condamnation ; de plus, il ne pourra plus prêcher la vertu puisqu'il aura cessé d'être vertueux. Rappelons-nous que Socrate avait affirmé à ses juges, lors de son procès, que jamais il ne cesserait de philosopher et d'inciter ses concitoyens à vivre selon la vertu[18]. Le seul aspect positif de son évasion serait de survivre pour veiller à l'éducation de ses enfants ; mais ses amis y veilleront aussi bien que lui.

Socrate prête enfin aux lois un dernier argument qui souligne le caractère transcendant du devoir d'obéissance aux lois pour celui qui s'est engagé envers elles : il est si mal de mettre ses enfants ou sa vie au-dessus de la justice que, arrivé chez Hadès, dans le monde des morts, Socrate devra rendre des comptes à des lois éternelles. Ces dernières, sœurs des lois de la cité, le verront comme une menace. Il est donc préférable qu'il meure maintenant, condamné par les hommes et non par les lois, et qu'ainsi il soit bien accueilli dans le monde des morts.

Hadès
Dieu des Enfers dans la mythologie grecque. Frère de Zeus, il règne sur le royaume souterrain qui porte son nom et où séjournent les morts.

16. Lors de son procès, Socrate aurait pu chercher à convaincre ses juges de lui donner une peine d'exil plutôt que la mort. Il a refusé de le faire.
17. *Criton*, 52 *d*.
18. *Apologie*, 29 *d*.

Assentiment (n.m.)
Du latin *assentire*, « donner son accord ». Consentement, approbation, accord.

Tous ces arguments emportent l'assentiment de Criton. Mais, pour en comprendre la portée, nous nous attacherons maintenant à comprendre le souci de Socrate pour le bien et sa conception du devoir à l'égard des lois.

AIDE-MÉMOIRE

Les arguments des Lois :

1. *Socrate fait du mal à la cité en désobéissant aux lois.*
2. *La loi donne à l'individu tout ce qu'il est.*
3. *Le rapport entre l'individu et la loi n'est pas égalitaire et il n'y a pas réciprocité de droits entre eux.*
4. *Socrate a lui-même reconnu que l'obéissance aux lois est juste. Il s'est ainsi engagé envers elles et doit leur obéir ou les convaincre de s'amender.*
5. *Les lois laissent à tout moment la liberté aux citoyens de rompre leur engagement envers elles en quittant la cité. Le citoyen qui choisit de rester accepte donc en fait de s'engager.*
6. *Socrate sera plus coupable que les autres car, plus que tout autre, il a accepté les lois.*
7. *Socrate se ferait du mal ainsi qu'à ses amis en s'enfuyant.*
8. *Il serait mal accueilli par les lois de l'Hadès en raison de son attitude injuste.*

Rectitude (n.f.)
Conformité à la raison, à la justice, à la rigueur.

2. LA RECTITUDE MORALE*

Au moment où Socrate doit choisir entre la fuite et la mort, il a derrière lui toute une vie de réflexion sur la question du bien. Pour comprendre sa décision, il est bon de connaître ses convictions.

Investir (v.tr.)
Du latin *investire*, « entourer ». Charger solennellement, officiellement (quelqu'un) d'un pouvoir, d'un droit, d'une dignité.

Socrate est philosophe ; il se sent investi (par un dieu[19]) de la mission d'enseigner à ses concitoyens ; il les conduit à s'interroger sur

19. Les dieux sont très présents dans la pensée des Grecs et la philosophie naît dans un contexte de pensée mythique. Ainsi Socrate prétend-il entendre les signes d'un « démon » qui, à la manière d'un bon ange, lui interdit les actions mauvaises ; il attribue aussi à un dieu la mission à laquelle il consacre sa vie. Ce langage tout à fait conforme à celui de l'époque n'empêche pas Socrate de s'en remettre à des principes déterminés par sa seule raison pour guider son action. Il n'a rien d'un gourou inspiré. Voir à ce sujet Plutarque, *Œuvres morales*, t. VIII, traité 43, « Le démon de Socrate ».

Mosaïque grecque avec la devise : « Connais-toi toi-même ». Rome, Musée National Romain
Collection Viollet

les fondements moraux de leur action et à rechercher la sagesse*, la vérité et l'élévation de l'âme plutôt qu'à convoiter l'argent et les honneurs[20]. Il ne renonce pas à ses convictions devant l'imminence de la mort. Ainsi, plutôt que de régler son action en vue de son intérêt et de celui de ses proches, il la guide sur des principes qui ont une valeur universelle. Ces principes sont déterminés en fonction du bien ; cependant, la connaissance du bien ne va pas sans la connaissance de soi.

CONNAIS-TOI TOI-MÊME

Il faut se connaître soi-même pour déterminer ce qui est bien pour soi. « Connais-toi toi-même », lisait-on au fronton du temple de Delphes. Cette **maxime**, empruntée à l'un des Sept Sages de la Grèce, rappelait à l'homme qu'il doit prendre conscience de ses limites et du fait qu'il n'est pas un dieu. Socrate y lit pour sa part que la sagesse morale passe par la connaissance de soi[21].

Maxime (n.f.) Formule brève énonçant une règle de morale ou de conduite, ou une réflexion d'ordre général.

20. *Apologie*, 29 *e*.
21. Platon, *Alcibiade*, 133 *c* : « Or, se connaître soi-même, nous étions d'accord que c'est là ce qui constitue la sagesse morale. » (Trad. Léon Robin, Paris, Gallimard, coll. « La Pléiade », 1950.)

Art (n.m.)
Ensemble des moyens, des procédés, des règles intéressant une activité, une profession ; activité, conduite considérée comme un ensemble de règles à observer.

Se rendre meilleur est le but de l'action morale. Or, pour connaître l'art qui peut nous rendre meilleur, il faut se connaître[22]. Qui sommes-nous ? Un corps, certes. Mais, selon Socrate, l'âme* commande au corps[23]; nous sommes donc, d'abord et avant tout, notre âme[24], et spécialement cette part de l'âme qui est le siège de l'acte de connaître et de penser[25]. Pour se rendre meilleur, il faut ainsi développer sa rationalité et progresser vers la connaissance.

La recherche rationnelle de la connaissance de ce qui est bien est la voie du perfectionnement de soi.

La recherche du bien

La conviction socratique pose des exigences élevées, car, avant d'agir, il est nécessaire de définir les principes qui guideront l'action. C'est à cette définition que Socrate consacre sa vie. À partir de l'analyse de situations concrètes où ce qui est bien est facilement reconnaissable (par exemple, la meilleure façon pour un athlète de se garder en bonne santé ou la meilleure manière d'éduquer les chevaux), il remonte vers des situations plus abstraites et plus complexes (par exemple, la question de la justice ou de l'éducation des humains) pour y appliquer les principes plus universels qu'il a découverts. Contrairement au relativisme*, qui prétend que le bien varie selon les sujets traités et selon les circonstances, Socrate croit que le bien est unique et universel. Pour cette raison, il cherche des principes universellement applicables comme guides de l'action.

Mesure (n.f.)
Modération, retenue dans l'action, le comportement, le jugement.

Tempérance (n.f.)
Caractère, comportement de quelqu'un qui est éloigné de toute position excessive, qui fait preuve de pondération, de mesure dans sa conduite.

En plus d'une démarche intellectuelle, l'action morale exige aussi la maîtrise des passions et un détachement à l'égard des intérêts personnels afin de rendre l'agir conforme aux exigences de la raison. Ce thème de la maîtrise de soi fut souvent traité par les sages de la Grèce antique : la pratique du bien commande un long travail sur soi et une discipline rigoureuse ; l'affectivité (le *thumos*) et l'excès (l'*hubris*) doivent être maîtrisés au profit de la mesure et de la tempérance. Ce contrôle de soi doit,

22. « Alors, l'art qui nous améliore nous-mêmes, pourrions-nous le connaître si nous ignorions ce que nous sommes nous-mêmes ? » (*Alcibiade*, 128 *e*, trad. Pierre-Josée About, Paris, Hachette classiques, 1980.)
23. Socrate affirme dans l'*Alcibiade* que le corps appartient à l'âme, qui détient l'autorité sur lui. Platon, *Alcibiade*, 130 *a*, *b* et *c*.
24. *Ibid.*, 128 et suiv.
25. *Ibid.*, 133 *b* et *c*.

selon Socrate, être accompagné d'une discipline de la raison, celle de l'interrogation philosophique. Somme toute, il s'agit de déterminer intellectuellement ce qui est bien sans se laisser abuser par les passions et les intérêts immédiats ; la volonté d'agir en conformité avec ce bien viendra d'elle-même. En effet, selon Socrate, celui qui connaît le bien ne peut faire le mal et nul ne fait le mal volontairement. Le bien étant conforme à la nature de l'âme, la vie vertueuse conduit au bonheur.

AIDE-MÉMOIRE

1. *Socrate se sent investi de la mission de rendre les humains meilleurs.*
2. *Il guide son action sur des principes rationnellement déterminés en fonction du bien.*
3. *La connaissance du bien moral ne va pas sans la connaissance de soi-même.*
4. *Se connaître soi-même, c'est reconnaître que l'humain est avant tout la partie de son âme qui correspond à la connaissance et à la pensée.*
5. *Socrate agira en fonction de principes qui ont une valeur universelle.*
6. *La conformité au bien exige la maîtrise de soi.*
7. *Qui connaît le bien ne peut faire le mal et nul ne fait le mal volontairement.*

LE DEVOIR DE RESPECTER LES LOIS

Le sous-titre du dialogue du *Criton* est *Du devoir*. Socrate répond à la proposition d'évasion conformément à ce qu'il estime être son devoir envers les lois. Sa détermination de l'action droite implique une prise de position au sujet de la loi.

Au cours de sa vie, il a à prendre publiquement parti pour le respect des lois et de la justice. S'il critique les lois et la démocratie quand il juge que c'est nécessaire, il leur reste toutefois fidèle. On sait qu'il s'attire la colère de ses concitoyens lorsqu'il est **prytane** et qu'il vote contre un procès illégal qu'on veut faire à des généraux qui n'ont pas « relevé les morts après le combat naval[26] ». On veut les juger en bloc alors que

Prytane
Premier magistrat, dans beaucoup de cités grecques. Membre de la *Boulê* (Conseil de l'Assemblée populaire), à Athènes.

26. *Apologie*, 32 *b*.

la loi commande un procès individuel. Par ailleurs, au risque de sa vie, Socrate est le seul à désobéir aux ordres injustes de Critias, l'un des Trente Tyrans d'Athènes, lorsqu'il lui ordonne de **quérir** Léon de Salamine afin qu'il soit mis à mort[27].

Quérir (v.tr.)
Chercher.

Socrate fait toujours preuve d'un grand attachement à la loi. Pour le comprendre, il faut le situer dans son époque. L'histoire de la Grèce montre que la loi, par son caractère **objectif**, est ce qui met fin au chaos engendré par le pouvoir du plus fort[28]. En effet, elle édicte une norme applicable également à tous. Les Grecs respectent la loi parce qu'elle est objective et rend la cité indépendante de la force des puissants.

Objectif, ive (adj.)
Qui existe indépendamment de la pensée, par opposition à *subjectif*. Aussi, se dit d'une personne qui ne fait pas intervenir d'éléments affectifs ou personnels dans ses jugements.

Contemporain, aine (adj.)
Qui appartient au temps présent.

Cette obéissance ne se présente cependant pas à eux de la même façon qu'elle apparaît à nos esprits **contemporains**. Pour les Grecs, il n'y a pas d'opposition entre les droits individuels et collectifs ; au contraire, ils se sentent partie prenante de la cité et luttent pour ses droits et sa liberté. Dans l'esprit de Socrate, c'est parce que la cité est libre qu'il a pu vivre librement, se marier et élever ses enfants. Il le doit aux lois qui ont fait d'Athènes ce qu'elle est ; la collectivité forme l'individu et lui donne ses conditions de vie, elle l'éduque ; la personne est le prolongement de la cité. L'individu exerce tout de même sa conscience critique ; l'obéissance n'est pas aveugle et le contenu des lois peut en tout temps être discuté. C'est le maintien de l'ordre légal qui ne doit pas être menacé par une désobéissance des individus.

La loi est aussi une victoire sur la règle religieuse qui présidait aux rapports sociaux quelques siècles auparavant ; cette dernière était connue et interprétée par des initiés et n'appartenait nullement au peuple. La loi remplace aussi les **diktats** des rois, qui se prétendaient investis par les dieux pour soumettre leurs concitoyens. La loi de la cité est fondée sur un consentement ; elle s'applique aux gouvernants comme aux gouvernés ; elle est faite par les citoyens et tire sa valeur, entre autres, de l'importance qui est accordée à la cité[29].

Diktat (n.m.)
Décision imposée, contre laquelle on ne peut rien faire.

27. *Apologie*, 32 *c* et *d*.
28. Voir à ce sujet le livre de Jean-Pierre Vernant, *Les origines de la pensée grecque*, Paris, PUF, 1962.
29. Voir sur cette question Jacqueline de Romilly, *op. cit.*

AIDE-MÉMOIRE

1. *Socrate a toujours été fidèle aux lois.*
2. *La loi, par son caractère objectif, est ce qui met fin au chaos engendré par le droit du plus fort.*
3. *Pour les Grecs, la loi est constitutive des individus.*
4. *La loi peut cependant être discutée par les citoyens.*
5. *Elle est une victoire sur la règle religieuse qui présidait aux rapports sociaux quelques siècles auparavant.*
6. *Contrairement aux lois religieuses et aux diktats des rois, la loi est faite par les citoyens et est fondée sur leur consentement.*

Socrate et les sophistes

Au temps de Socrate, il y a souvent des débats sur la nature de la loi. Socrate est en désaccord avec la plupart des sophistes sur cette question. Ces derniers opposent la loi des hommes (loi positive) à la loi naturelle ; la première a un fondement relatif, qui est le choix de chaque peuple, alors que la seconde a un fondement absolu et une valeur universelle. Cela fait dire au sophiste Antiphon : « Ainsi l'observation de la justice est tout à fait conforme à l'intérêt de l'individu, si c'est en présence de témoins qu'il respecte la loi ; mais, s'il est seul et sans témoins, son intérêt est d'obéir à la nature[30]. » Cette réflexion ne signifie pas que tout est permis, car les sophistes croient, comme les autres Grecs, à la nécessité de maintenir l'ordre social et admettent à cette fin que le respect des lois est indispensable[31]. Ce que nient la plupart des sophistes, c'est que l'obéissance aux lois de la cité soit une obligation morale en plus d'une obligation sociale.

Sophiste (n.m.)
Maître de philosophie, de rhétorique (art de convaincre, de persuader). Il développe la dialectique (art de la discussion, du dialogue comme moyen de connaissance) dans un sens sceptique (impossibilité d'atteindre avec certitude la connaissance, doute) et relativiste (la connaissance est relative aux circonstances et aux personnes). Il professe une philosophie empirique et sensualiste.

Selon Socrate[32], le devoir d'obéir aux lois de la cité est absolu. La justice commande de les respecter, même s'il leur arrive d'être injustes. Les lois trouvent leur fondement dans la convention démocratique et l'accord des citoyens, ce qui en fait la constitution et l'âme de la cité. Si

30. Fragment cité par J. de Romilly, *op. cit*, p. 81.
31. Voir le dialogue de Platon, *Protagoras*, 322 *c* et *d*.
32. Les propos de Socrate sont rapportés par Xénophon dans son *Apologie de Socrate* et dans *Les Mémorables* à l'occasion d'un dialogue avec Hippias (livre IV, chap. IV), ainsi que par Platon dans le *Criton*. Xénophon met dans la bouche de Socrate des arguments qui le rapprochent de la conception des sophistes. Nous privilégierons l'interprétation de Platon.

Transgresser (v.tr.)
Ne pas obéir (à un ordre, à une loi), enfreindre.

Miner (v.tr.)
Attaquer, ruiner peu à peu, lentement quelqu'un ou quelque chose.

Joug (n.m.)
Contrainte matérielle ou morale. Chez les Romains, javelot attaché horizontalement sur deux autres fichés en terre, et sous lequel le vainqueur faisait passer, en signe de soumission, les chefs et les soldats de l'armée vaincue.

Convention (n.f.)
Accord, pacte, contrat entre deux ou plusieurs personnes.

les individus se permettent de transgresser les lois pour servir leurs intérêts, la cité est minée et les citoyens y perdent aussi, puisque ce sont les lois qui ont fait d'eux ce qu'ils sont. Elles ont présidé à leur naissance et à leur éducation, et leur permettent de vivre librement à l'abri du joug arbitraire des plus forts.

Le débat sur les lois porte aussi sur leur aspect conventionnel. N'étant que des conventions, les lois n'ont aucune valeur transcendante* selon les sophistes. Socrate reconnaît l'aspect conventionnel de la loi : il croit que l'entente entre les citoyens constitue les lois et que ces derniers doivent consentir aux lois de leur cité pour être engagés envers elles ; ils peuvent en effet toujours choisir de vivre ailleurs. Cependant, contrairement aux sophistes, Socrate croit que l'obligation d'obéir aux lois librement acceptées est un principe transcendant. Les citoyens ont toutefois le droit de discuter les lois.

Les vues de Socrate et celles des sophistes divergent aussi sur la question de la discussion des lois. Le sophiste Protagoras affirme que l'homme est la mesure de toute chose, ce qui a pour conséquence que celui qui sait le mieux faire valoir son opinion impose son point de vue ; la capacité de participer aux affaires publiques appartient à tous, et chacun doit avoir appris à utiliser l'art de la parole afin de bien exprimer son opinion et d'en convaincre les autres. La discussion des lois consiste en la défense des intérêts de chacun, le sort de la collectivité n'étant pas disjoint de celui de l'individu : « Que chacun recherche son intérêt selon ses capacités et ses connaissances, et la collectivité verra s'accroître son bien-être et sa puissance[33]. » Pour les sophistes, c'est rendre service à la cité que d'enseigner au plus grand nombre de gens l'art de convaincre.

Socrate, si l'on en croit Platon, pense différemment. Selon lui, il appartient à un petit nombre de personnes sages de guider la multitude. Celui qui prend part aux affaires publiques et discute les lois doit non pas défendre ses intérêts, mais être au service de la justice et du bien. Il faut dès lors connaître ce qu'est le juste pour prendre part aux affaires publiques. Par exemple, Socrate tente de convaincre Alcibiade[34], jeune général qui aspire à diriger la cité d'Athènes, que celui

33. Sur cette interprétation de la pensée des sophistes, voir François Châtelet, *Platon*, Paris, Gallimard, NRF, coll. « Idées », 1965, chapitre premier.

34. Voir *Alcibiade*.

qui s'adresse au peuple sur des sujets donnés et prétend lui indiquer la voie à suivre doit avoir une connaissance supérieure de ces sujets. Or, quels sont ces sujets et quelle connaissance commandent-ils ? Il s'agit, d'une part, de la guerre et de la paix : ces choses doivent être décidées selon la justice ; or, Alcibiade ne sait pas ce qu'est la justice. D'autre part, la cité et ses lois doivent rendre les citoyens vertueux en les incitant à vivre selon leur propre nature ; c'est à cette condition qu'elles engendrent le bonheur[35]. Or, Alcibiade ne connaît pas les humains et ne se connaît pas lui-même ; comment peut-il donc savoir ce qui rend un humain vertueux ?

Socrate considère donc que le devoir d'obéir aux lois est absolu, car il relève du principe de justice ; il prétend aussi que le droit de les discuter appartient à un petit groupe de sages.

AIDE-MÉMOIRE

1. *Les sophistes considèrent que la loi des hommes est relative et qu'il n'y a pas d'obligation morale absolue de lui obéir.*
2. *Au contraire, Socrate estime que, les lois étant l'âme de la cité, il y a une obligation morale absolue de leur obéir.*
3. *Selon les sophistes, la loi n'est qu'une convention.*
4. *Selon Socrate, l'entente entre les citoyens constitue les lois ; l'engagement envers les lois d'une cité est individuel et libre, mais l'obéissance aux lois est un principe universel de justice.*
5. *Selon les sophistes, la discussion publique en démocratie a pour but de permettre à chacun de défendre ses intérêts, et le plus grand nombre de personnes possible doit être en mesure de s'exprimer et de prendre part aux affaires publiques.*
6. *Selon Socrate, il appartient à ceux qui connaissent la justice et ce qu'est l'humain de prendre part aux affaires de la cité.*

---

35. Dans leur dialogue avec Socrate, les lois athéniennes lui font remarquer qu'elles l'ont rendu heureux ; c'est un argument de poids en leur faveur. Si elles avaient été injustes, elles auraient rendu Socrate malheureux et il aurait cherché à fuir Athènes ; bien au contraire, il ne s'en est éloigné que lorsqu'il en fut forcé par ses devoirs de citoyen. Qui plus est, il ne les a pas contestées.

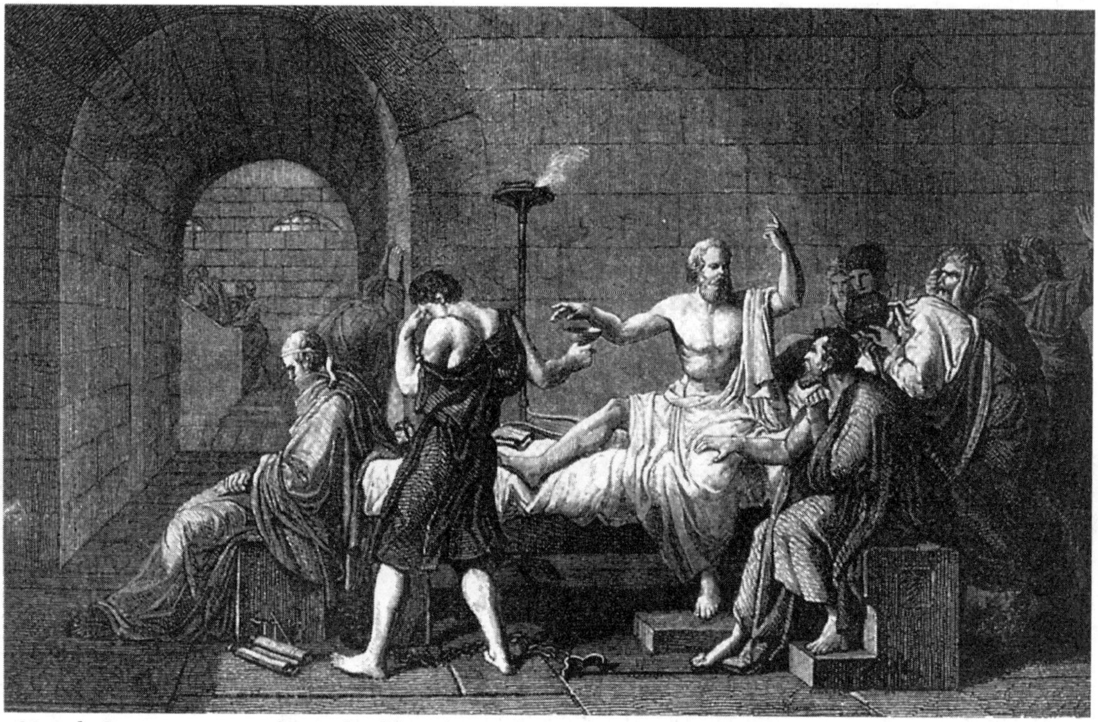

« Mort de Socrate », gravure d'après le tableau de David. Collection Viollet

« L'essentiel, pour nous, ce n'est pas de vivre, mais le fait de bien vivre. » (*Criton*, 48 *b*)

3. CONCLUSION

Socrate, par un cheminement rationnel et fidèle à sa conception du bien et à son opinion sur les lois, décide d'accepter la mort et de refuser de fuir. Certes, il lui faut une maîtrise de ses passions pour s'en tenir au devoir que la raison lui dicte. Cette pratique de la vertu est, chez Socrate, une habitude, un mode de vie. Il renonce à la vie comme il a renoncé autrefois à l'argent, au confort et aux honneurs. La vertu est pour lui un détachement progressif des biens matériels pour poursuivre l'idéal que constitue la connaissance du bien. Sa démarche rationnelle et son entreprise de définition des concepts qui président à l'action sont indissociables de son attachement à la pureté de l'idée. Entre la vie et la fidélité à l'idée, Socrate choisit la seconde.

LES SOPHISTES

Les sophistes sont des philosophes controversés. Ils furent mis au ban de la philosophie pendant longtemps, mais le XXe siècle redécouvre leur richesse. Nous nous attacherons à comprendre qui ils sont, à dresser le portrait de leurs principaux représentants, et enfin nous entrerons plus avant dans le débat qu'ils entretiennent sur la loi.

Mis au ban (loc.adj.) Banni, exilé.

1. Qui sont les sophistes ?

Le mot *sophiste* est d'abord synonyme de « sage, savant[1] ». Il est appliqué, par exemple, aux Sept Sages[2]. On nomme *sophistes*[3] les dialecticiens, ceux qui pratiquent l'art de la dispute. Le mot « sophiste » est aussi appliqué aux poètes en tant qu'ils sont les professeurs des Grecs. Puis, au ~Ve siècle, le mot désigne les ***prosateurs***. Le sophiste est alors celui qui a un don spécial ou un savoir à communiquer, que ce soit dans le domaine de la conduite et de la politique ou dans celui des arts techniques : un sophiste talentueux serait, par exemple, capable de fabriquer toutes les choses du monde[4].

Prosateur (n.m.) Auteur qui s'exprime en prose, soit en une forme de discours qui n'est pas soumis aux règles formelles de la poésie. De *prose*, du latin *prosa* (*oratio*), « discours qui va en droite ligne ».

1. Les mots *sophia* et *sophos* ont d'abord désigné « une habileté première dans un métier particulier » (telle la *sophia* du charpentier de navires, du conducteur de chars, du musicien) ; ils désigneront ensuite le fait d'être malin ou prudent (dans la capacité à détecter les fausses monnaies, par exemple) ; ils prennent aussi le sens d'« expert » ou de « spécialiste », de « bien informé » ou d'« intelligent en général ». (W. C. K. Guthrie, *Les sophistes*, trad. J.-P. Cottereau, Cambridge, Cambridge University Press, 1971, Bibliothèque philosophique Payot, Éditions Payot, 1988, p. 35-42.) Voir aussi sur le sens du mot J.-P. Dumont, « Les Sophistes », *Les Présocratiques*, Paris, Gallimard, coll. « La Pléiade », 1988, p. 981-982, 1524.
2. Androtion, historien de l'Attique au ~IVe siècle, donne le nom de sophiste aux Sept Sages et à Socrate. Jamblique, philosophe d'inspiration platonicienne vers 250 à 300 de notre ère, use encore du terme pour parler des Sept Sages.
3. Hegel dit des sophistes qu'ils ont été « les maîtres de la Grèce. C'est par eux que la philosophie est venue à l'existence ». (Hegel, *Leçons sur l'histoire de la philosophie*, t. II, trad. française, Paris, p. 244.)
4. Platon, *La République*, 596 *d*. Glaucon appelle « sophiste » cet ouvrier au talent extraordinaire ; la signification du terme se rapporte à la possession d'une habileté technique. L'ironie de Socrate, sur ce point, est évidente dans le dialogue de Platon.

Le mot a pu prendre à ce moment un sens péjoratif, car les Athéniens se méfient des savants, des intellectuels qui sont habiles à discourir et à argumenter[5]. Mais c'est sans doute Platon qui a le plus contribué à déprécier le mot *sophiste* : il reproche aux sophistes d'être « des chasseurs salariés d'une jeunesse riche », d'être « des trafiquants de connaissances », des « athlètes en parole » puisqu'ils pratiquent l'art de la dispute[6].

L'attitude intellectuelle

Éloquence (n.f.)
Aptitude à s'exprimer avec aisance ; capacité d'émouvoir, de persuader par la parole.

Les sophistes sont des professeurs de sagesse (*sophia*), rétribués à la leçon pour enseigner et prononcer des discours. Ils sont des maîtres d'**éloquence** qui enseignent aux jeunes Athéniens riches l'art de la parole (rhétorique) et du raisonnement (dialectique), si utile pour se défendre dans différentes circonstances de la vie : procès, assemblées publiques, débats philosophiques et scientifiques. Ils viennent à Athènes des villes avoisinantes, et même d'Ionie et de Sicile. Par la fréquentation de ces éducateurs, les jeunes aristocrates d'Athènes au ~Ve siècle cherchent à reprendre une place que la constitution démocratique leur enlève : ils acquièrent les moyens de participer efficacement à la vie politique et de prendre du pouvoir[7].

Transcendant, ante (adj.)
Qui dépasse un certain ordre de réalités, s'élève au-dessus d'un niveau donné, ou suppose l'intervention d'un principe extérieur et supérieur à ces réalités.

Ce sont le plus souvent des penseurs empiristes* qui refusent d'admettre l'existence de vérités **transcendantes** et de valeurs absolues ; ce sont aussi des penseurs utilitaristes* et relativistes* qui croient que la vérité est déterminée par ce qui est profitable selon les circonstances ; en outre, ce sont des penseurs agnostiques* en ce qu'ils affirment qu'il n'est pas possible de vérifier l'existence des dieux. Ils sont familiarisés avec les penseurs de la nature (Ioniens et nouveaux physiciens), qui rejettent les

5. Platon, *Euthyphron*, 3 *c*. Voir aussi Aristophane, *Les Nuées*.
6. Platon, *Le Sophiste*, 231 *d* et *e*. Aristophane est également hostile à la science athée et à la nouvelle morale des sophistes : ils sont le symptôme d'un déclin, les beaux jours de la Grèce étant ceux des guerres Médiques et des vrais hommes, faits de courage, d'intrépidité, de simplicité, de normes morales élevées. Selon lui, personne ne sait plus distinguer entre le juste et l'injuste, ou le fait, mais soutient le mal et méprise le bien, et « la jeune génération adore le luxe, est efféminée, immorale et lâche » ; et les auteurs ont cessé de choisir des thèmes nobles, comme ceux d'Eschyle, et choisissent, avec Euripide, des thèmes tels l'adultère, la tromperie, le sordide et les chicaneries. Cette accusation de déclin contraste avec la thèse de Guthrie selon laquelle les sophistes furent les éléments moteur de ce qu'il nomme l'« Époque des Lumières en Grèce » ; pour lui les sophistes représentent une étape nécessaire dans la pensée de toute nation qui produit des philosophes. (W. C. K. Guthrie, *op. cit.*, p. 56.)
7. François Châtelet, *Platon*, Paris, Gallimard, NRF, 1965, p. 60.

Athènes, Musée de l'Acropole
Artephot/Nimatallah

Porteurs d'eau ; détail de la frise du Parthénon, ~Ve siècle.

Pour le sophiste Protagoras, l'homme est la mesure de toutes choses.

causes divines comme mode d'explication et conçoivent l'homme comme un produit de l'évolution naturelle. Ils s'intéressent principalement à « l'homme ». D'autre part, ils détachent la philosophie de la morale traditionnelle. En cela, ils suivent les idées émises par Protagoras d'Abdère, qui sera chassé d'Athènes et dont les livres seront brûlés sur la place publique. On lui reproche, entre autres choses, d'avoir écrit :

> L'homme est la mesure de toutes choses, de celles qui sont pour ce qu'elles sont et de celles qui ne sont pas, pour ce qu'elles ne sont pas[8].
>
> Touchant les dieux, je ne suis pas en mesure de savoir ni s'ils existent, ni s'ils n'existent pas, pas plus que ce qu'ils sont quant à leur aspect. Trop de choses nous empêchent de le savoir : leur invisibilité et la brièveté de la vie humaine[9].

---

8. Platon, *Théétète*, 152 *a*. (Dans *Œuvres complètes*, t. II, trad. L. Robin et M. J. Moreau, Paris, Gallimard, coll. « La Pléiade », 1950.)
9. Plus qu'aux dieux, Protagoras s'en prend à la religion. Il ne professe pas un athéisme radical, mais plutôt un agnosticisme. Platon renverse cette position en écrivant : « Dieu est la mesure de toutes choses. » (Platon, *Les Lois*, IV, 716 *c*.)

L'attention des sophistes se porte particulièrement sur les règles qui régissent la pensée humaine. Ils s'exercent à l'art de l'*antilogie*, qui consiste à défendre une thèse et son contraire en étant convaincant dans les deux cas. Apprendre aux élèves à défendre avec éclat les deux aspects contradictoires d'une question fait partie de l'instruction rhétorique. Protagoras dit que sur tout sujet il y a deux raisonnements opposés l'un à l'autre ; il entraîne ses élèves à louer et à blâmer les mêmes choses, et à consolider l'argument le plus faible afin qu'il apparaisse le plus fort. Les sophistes en viennent à soutenir que toute vérité est relative et qu'on ne peut rien connaître avec certitude[10]. La vie intellectuelle prend, sous cet aspect, la forme d'une plaidoirie ou d'un concours devant un public juge (*éristique*). L'éloquence, appuyée d'une vaste érudition, est alors primée. Les sophistes croient que tous possèdent la capacité de persuader par le discours[11]. Ils insistent sur l'importance des techniques, dont celles du discours et de la maîtrise de la langue, liant étroitement le savoir et le savoir-faire. Certains d'entre eux se vantent de leur savoir encyclopédique et de leur habileté technique. Par exemple, Hippias se présente à ses auditeurs habillé de vêtements entièrement faits de sa main, ce qui comprend sa fiole de parfum et les bijoux qu'il porte. Les sophistes reflètent ainsi l'importance qu'ont l'artisanat et les métiers manuels dans l'Athènes démocratique.

Les sophistes sont porteurs des idées de la démocratie. Celle-ci pose comme prémisse que tous peuvent participer aux décisions politiques par l'exercice de leur jugement. Ils se fixent comme objectif de développer cette faculté. Ils aident à acquérir la puissance et le prestige de la parole[12], à accéder aux honneurs de la direction politique. Les sophistes contribuent ainsi à la vie démocratique en faisant en sorte que chacun soit apte à poursuivre l'intérêt premier de la cité. C'est ce que pratique la première génération de sophistes, Protagoras, Gorgias et Hippias[13]. Ayant pour axiome qu'il y a deux raisonnements sur tout sujet, Protagoras vante les qualités démocratiques d'un esprit prêt à les entendre tous les deux[14]. Platon nous présente la pensée de celui-ci à

10. W. C. K. Guthrie, *op. cit.*, p. 58.
11. Les Athéniens font même de la persuasion une puissante déesse, *Peithô*, « l'enchanteresse qui jamais n'a subi un refus ». (Eschyle, *Les Suppliantes*, 1039 et suiv.)
12. Gorgias dit : « Le mot est un despote tout puissant. » (*Hélène*, DK, 11, 290, cité dans W. C. K. Guthrie, *op. cit.*, p. 52.)
13. F. Châtelet, *op. cit.*, p. 63.
14. W. C. K. Guthrie, *op. cit.*, p. 32.

travers une fable qui nous montre que la faculté de justice est répartie également chez tous.

> Autrefois, les êtres mortels n'existaient pas. Quand vint le temps fixé de naître, des dieux les façonnèrent dans les entrailles de la terre mélangée au feu. Épiméthée attribua les qualités en un partage équitable. Il les protégea contre l'inclémence des saisons, œuvre de Zeus. Les pattes des uns furent munies d'armes, celles des autres de soies. Il assigna les denrées et rendit fécondes les espèces devant nourrir les autres. Mais, peu avisé, Épiméthée ne sut que faire de l'espèce humaine. Son frère Prométhée vint juger. Il fit don à l'homme du feu et de l'habileté technique dérobés aux dieux. Par ce larcin, l'homme put vivre. Il apprit que les dieux étaient et leur fit des temples. Il apprit la parole, se bâtit des demeures, se fit des vêtements. Mais les hommes, sans vertu politique, devenaient la proie des fauves. Ils s'assemblèrent dans des villes, mais se firent tort. Alors Zeus, redoutant leur destruction, envoya Hermès apprendre aux hommes la honte de mal agir et l'idée de justice, afin qu'ils en ornent les cités et développent l'amitié. Or, fallait-il que la justice et la retenue soient partagées entre tous ? Entre tous, répondit Zeus, sans quoi les cités périraient. Et la loi de Zeus fut établie : serait puni de mort qui ne se plie pas à l'honneur et à la justice[15].

Épiméthée
Titan, frère de Prométhée. Il accepte de Zeus la belle Pandore parée de tous les dons. Il s'agit d'une vengeance de Zeus contre Prométhée, car Pandore possède une jarre de laquelle s'échappent tous les maux humains. Seul l'espoir demeure sur une paroi.

Prométhée
Titan, bienfaisant envers les hommes. Il a été enchaîné au sommet du Caucase pour avoir dérobé le feu à Zeus et l'avoir donné aux hommes.

Hermès
Dieu grec, messager des dieux. Guide des voyageurs et conducteur de l'âme des morts, il personnifie l'habileté et la ruse. Patron des orateurs et des commerçants.

LA CRISE DES VALEURS

À la fin du ~Ve siècle, l'activité des sophistes est perçue différemment ou est détournée de son sens premier. Sévit alors à Athènes une crise résultant des revers douloureux de la guerre du Péloponnèse. La cité vit des tensions ; elle est livrée aux ambitions sans scrupules des individus et des partis ; le pouvoir et la cupidité deviennent la norme[16]. L'art des sophistes peut dès lors paraître une arme redoutable et se prêter aux

Cupidité (n.f.)
Désir immodéré de s'enrichir, amour du gain.

---

15. Résumé du dialogue *Protagoras*, 320 à 323, de Platon. Il y a lieu de penser que ce dernier a présenté fidèlement la pensée de Protagoras. Quant au recours aux dieux, il s'agirait d'un procédé narratif chez Protagoras, qui, par rapport à eux, suspendait son jugement, mais reconnaissait peut-être le culte comme étant nécessaire à l'homme. (W. C. K. Guthrie, *op. cit.*, p. 73-74.)
16. Thucydide décrit de manière saisissante les horreurs de la guerre du Péloponnèse et les rivalités entre cités, et à l'intérieur de celles-ci entre démocrates et oligarques : procès sommaires et condamnations à mort, incitation au suicide, massacres à l'entrée des sanctuaires après avoir arraché les suppliants aux autels, emmurement de citoyens dans des temples jusqu'à la mort, meurtres des fils par leur père, règlements de comptes privés sous des dehors politiques, associations dans le crime, mépris de la loi, serments de réconciliation violés dès qu'on se sentait assuré de gagner, joie prise à la vengeance par l'abus de confiance. Ces atrocités gagnèrent la Grèce après la guerre de Corcyre, les démocrates faisant appel aux Athéniens, les oligarques ayant recours aux Lacédémoniens. (Thucydide, III, 82.)

Anarchique (adj.) Marqué par le désordre, par la confusion en raison de la carence d'autorité.

Intéressé, ée (adj.) Qui recherche avant tout son avantage personnel, un avantage matériel ; qui a une part, un rôle, un intérêt dans quelque chose.

pratiques politiques **anarchiques** et **intéressées**, chacun s'en servant pour se soustraire à ses obligations civiques, paraître s'en acquitter ou les détourner à son avantage. Les sophistes Antiphon, Critias et Thrasymaque se font l'écho de cette primauté de l'individu dans cette Athènes du temps de Socrate. Les sophistes, ces étrangers, peuvent alors passer pour des éléments clés de la crise des valeurs.

Certains esprits n'apprécient pas leur tendance au doute et leur refus de toute permanence, qui sont transposés en politique et en éthique. Ils ne comprennent pas que l'on puisse affirmer que la réalité est instable et que, par conséquent, la connaissance est imparfaite et faillible. Ils se méfient de voir les sophistes soutenir qu'il n'y a rien au-delà des apparences ou que ce qui est, est ce qu'il paraît. De plus, les sophistes ne disent-ils pas que l'action, comme la connaissance, est affaire d'opportunité et d'efficacité, et se rapporte à l'intelligence des situations et au sens des « affaires »[17] ? Ne justifient-ils pas la tromperie et l'abandon du critère de vérité pour la persuasion[18] ? N'affirment-ils pas que les sociétés tiennent par les croyances communes, que l'opinion conduit les hommes, qu'il faut savoir comment ils croient pour leur faire accepter les buts à poursuivre ? Combien sont choqués de les entendre affirmer qu'est trompeur celui qui prétend gouverner selon la vérité[19], qu'il est acceptable d'inventer des valeurs et de faire croire en leur transcendance[20], que tout peut être vrai, connu, démontré, justifié pour l'admiration du plus grand nombre ?

L'importance des sophistes pour la culture tient peut-être dans le changement en profondeur auquel ils contribuent à Athènes. Car, en affirmant que les valeurs de l'époque ne sont pas immuables, ils affrontent la Grèce et ses traditions. Et, en soutenant que la force des valeurs tient dans le fait qu'elles sont acceptées, et non dans leur vérité, ils font de la « vérité » une question de consensus ; ils valorisent ainsi l'opinion

17. « En Grèce, la réussite qui comptait était avant tout politique et, ensuite, judiciaire ; et son arme était la rhétorique, l'art de persuader. » (W. C. K. Guthrie, *op. cit.*, p. 58.)
18. « Protagoras d'Abdère a été rangé, lui aussi, par certains auteurs dans le chœur des philosophes qui ont détruit le critère de la vérité : il affirme, en effet, que toutes les représentations et les opinions sont vraies, et que la vérité est de l'ordre du relatif puisque tout ce qui est objet de représentation ou d'opinion pour quelqu'un est immédiatement doté d'une existence relative à lui. » (Sextus Empiricus, *Contre les mathématiciens*, VII, 60, cité dans J.-P. Dumont, *op. cit.*, p. 998.)
19. La plus grave illusion serait pour un sophiste le philosophe-roi de Platon.
20. Critias invente Dieu, un dieu utile.

du grand nombre et le débat démocratique, contrairement à l'idée de vérité absolue que leur opposera Platon.

AIDE-MÉMOIRE

1. *Le mot « sophiste » est synonyme de « sage, savant » et comporte une dimension pratique.*
2. *Les sophistes sont des professeurs de sagesse, des maîtres d'éloquence.*
3. *Ce sont des penseurs qui refusent généralement d'admettre qu'il existe des vérités transcendantes et des valeurs absolues, qui croient que la vérité est déterminée par ce qui est profitable et qui affirment qu'il n'est pas possible de vérifier l'existence des dieux.*
4. *Les sophistes s'intéressent aux règles de la pensée humaine.*
5. *Les sophistes sont porteurs des idées de la démocratie.*
6. *En période de crise, leur habileté dans le discours peut devenir une arme redoutable.*
7. *Certains reprochent aux sophistes de délaisser le critère de vérité pour la persuasion.*
8. *Les sophistes ont le mérite de mettre en doute le caractère immuable des valeurs, et de donner de l'importance à l'opinion du grand nombre et au débat démocratique.*

---

2. QUELQUES SOPHISTES

Nous avons peu d'écrits des sophistes et ce qu'on en dit demeure sujet à interprétation chez les spécialistes de la philosophie. Le caractère d'incertitude les concernant est de plus accentué par le fait que nous les connaissons souvent à travers l'œuvre de Platon. Or, comme celui-ci s'opposait à leur philosophie, sa présentation n'est pas exempte de tout soupçon.

PROTAGORAS

Natif d'Abdère, Protagoras (~485 – ~411) est le premier sophiste grec. Il est accusé d'impiété en ~411 à Athènes et meurt en exil[21]. Penseur

21. L'année ~411 est celle du désastre athénien de Sicile. Elle est aussi, après cet échec, celle de la suppression momentanée de la démocratie par les aristocrates.

politique et moral, il donne des cours et s'offre à rendre les gens meilleurs dans les affaires personnelles et publiques. Il affirme qu'il y a deux raisonnements contraires sur tout sujet. Sur le plan moral, il soutient que ce qui est bon pour l'un ne l'est pas nécessairement pour l'autre. Sur le plan politique, il dit des lois et des coutumes d'une cité qu'elles sont justes aussi longtemps que les citoyens y croient. Le juste ou le bien et le légal sont sur un même plan. Protagoras considère que, comme le médecin améliore l'état du patient avec son consentement, le sophiste améliore la cité qui s'ouvre, par le raisonnement et non par la violence, à de nouvelles politiques. En affirmant que « L'homme est la mesure de toutes choses », il signifie que toute chose est, par convention, d'établissement humain, construite par l'homme, par son éducation, par ses connaissances et par les lois qu'il adopte.

HIPPIAS

Originaire d'Élis, Hippias (?– ~490) est un **Dorien** plus connu à Sparte et en Sicile qu'à Athènes. Il est contemporain de Socrate et plus jeune que Protagoras. Il représente le **prototype** de l'habileté intellectuelle que l'on prête aux sophistes : mémoire remarquable, **érudition**, facilité à apprendre, grand orateur. Il gagne des sommes fabuleuses par sa **virtuosité** à représenter les citoyens de sa cité à l'étranger. Il donne des discours à Athènes et à Olympie, « au festival de tous les Grecs ». Il discute sur tout (il résout en mathématique la quadrature du cercle, s'intéresse à l'histoire de la philosophie) et se veut indépendant de la nature, allant jusqu'à confectionner tout ce qu'il porte. Penseur moral, il oppose la loi et la nature, favorisant celle-ci sur une base humanitaire et non pas égoïste et ambitieuse (tels les partisans de la loi du plus fort). Il voit la loi comme un contrat social, modifiable et non universel, qui peut être « un tyran faisant violence à la nature ». Il croit en des lois universelles, naturelles ou divines et non écrites (concernant par exemple le culte des dieux et le respect des parents), qui vont de pair avec l'unité fondamentale de l'humanité, alors que les lois et les conventions ne sont que des divisions erronées. Hippias est en cela humaniste, comme d'autres sophistes.

Doriens
Peuple guerrier indo-européen qui immigre en Grèce et s'installe surtout dans le Péloponnèse. Ses villes principales sont Sparte, Corinthe, Mégare.

Prototype (n.m.)
Original, modèle. Du grec *prôtos*, « premier, qui vient en premier ».

Érudition (n.f.)
Savoir approfondi dans une science, un domaine quelconque.

Virtuosité (n.f.)
Talent ou technique d'une personne douée d'une grande habileté.

Ses positions relativistes sur la jalousie et la **diffamation** témoignent de sa philosophie. Il y a une bonne et une mauvaise jalousie : il est en effet juste d'être jaloux quand les honneurs vont aux gens mauvais, mais injuste quand ils vont aux gens de bien ; et l'homme jaloux, si juste soit-il, souffre doublement : de ses ennuis d'abord, puis de la

Diffamation (n.f.)
Action qui consiste à attaquer en public la réputation de quelqu'un par des propos faux ou injurieux.

chance d'autrui. Quant à la diffamation, elle est une malédiction, car la loi ne la punit pas[22] alors qu'elle punit le vol ; or, la diffamation est le vol de l'amitié (*philia*) ou de la bienveillance, la plus belle chose qui soit, et sa nature sournoise la rend pire que la violence ouverte.

ANTIPHON

Antiphon l'Athénien (v. ~480 – ~411) est surnommé le « Cuisinier de discours ». Il a écrit un traité intitulé *De l'interprétation des rêves*. Il est devin, poète, philosophe, géographe, physicien et médecin. À ce dernier titre, il conçoit que la pensée gouverne le corps, aussi bien pour la santé et la maladie que pour le reste. On lui attribue les ouvrages *De la vérité*, *De la concorde* et *Politique*. Antiphon est critique de la société : il affirme que non seulement les lois ou les conventions humaines ne sont pas fondées sur la nature, mais qu'elles s'opposent à elle. Par exemple, nous sommes, de naissance, identiques et égaux selon la nature, et il n'y a pas de différences entre Grecs et Barbares ; et pourtant, en société, tout tend à créer des distinctions. La justice illustre également l'idée de contraintes sociales contre nature : par exemple, les gens sont appelés selon la loi à témoigner contre quelqu'un qui ne leur a rien fait. Ainsi, le bien de l'un en société pourra être le mal de l'autre et la justice ne sera rien d'autre que la réglementation des conflits. Du point de vue de la connaissance, l'être relève des perceptions multiples qu'on en a ; ce que nous voyons et pensons existe, ce que nous ne voyons pas et ne pensons pas n'existe pas, et tout ce qui existe peut être vu ou pensé. La cosmologie d'Antiphon est matérialiste : la providence est rejetée ; l'unité et l'ordre résultent du travail de l'homme ; à preuve, si on enterre un lit, c'est du bois qui repousse, non un lit. Il est un adversaire de Socrate, qu'il dit maître de misère en raison de sa pauvreté. Socrate réplique que la vente des charmes et de la sagesse au premier venu est de la prostitution.

GORGIAS

Le sophiste Gorgias (v. ~487 – v. ~380) vient en ~427 convaincre Athènes de protéger sa cité en Sicile contre les ambitions de Syracuse. Il s'établit à Athènes, où il enseigne la rhétorique. Périclès et l'historien Thucydide auraient été au nombre de ses auditeurs. Il met en question les affirmations

22. Aujourd'hui, les chartes des droits protègent les personnes contre la diffamation ou les atteintes à la réputation.

de Parménide sur l'être ; il prétend que si la réalité existe, nous ne pouvons la connaître, et que si nous le pouvons, nous sommes incapables de transmettre la connaissance à autrui. Il aurait été le disciple d'Empédocle. Il fait des démonstrations publiques dans des grands centres comme Delphes et Olympie, et répond à l'improviste aux questions de l'auditoire. Il désavoue les sophistes qui prétendent enseigner la vertu (*aretè*). Sa seule tâche est de professer l'art de la persuasion, reine des sciences et pouvoir suprême, la duperie pouvant être employée pour une bonne cause.

Prodicos

Prodicos, de Céos, vit à la même époque qu'Antiphon. Rangé parmi les philosophes de la nature et les sophistes[23], il fait profession « linguistique » et logique d'enseigner l'emploi précis des mots : le discours vise pour lui à la vérité, non à l'illusion, et ce qui doit être enseigné doit être distingué de ce qui fait illusion ou est fausse apparence. Il est un éducateur professionnel libre dont le nom peut figurer à côté de celui de Protagoras pour son enseignement de l'art de réussir en politique et dans la vie privée. Disciple de ce dernier, il enseigne lui aussi la vertu, c'est-à-dire l'excellence, dont l'acquisition est difficile et suppose un travail sur soi ; l'homme n'est donc pas déterminé d'avance, il peut se perfectionner ou se détruire. Prodicos a écrit le *Choix d'Héraclès*, dans lequel le jeune Héraclès, se demandant quel chemin prendre dans la vie, quelle façon de vivre choisir, est abordé par deux femmes, la Vertu et le Vice, qui font valoir les conséquences de leurs avantages. Moraliste, Prodicos fait du discernement de la vertu une science et de sa quête une vie de labeur guidée par de nobles intentions : au « chemin fleuri », il préfère « l'ascension ardue vers la vertu[24] ».

Socrate sera l'élève de Prodicos, séduit par son exigence de vérité et de vertu qu'il poursuit par sa recherche de précision dans l'emploi du langage. La justesse des mots serait la condition préalable à une vie vertueuse et même à un gouvernement efficace. Socrate élaborera toutefois une dialectique aidant à formuler les idées, ce qui contrasterait avec

23. Suidas, *Lexique*, « Prodicos ». (J.-P. Dumont, *op. cit.*, p. 1054.)

24. Ce choix se trouve déjà chez Hésiode (*Les travaux et les jours*, 287-292.). La philosophie de Prodicos annonce la philosophie stoïcienne du ~IVe siècle, qui préconise une morale selon laquelle l'humain doit suivre sa nature, expression de la nature universelle, et vivre ainsi en réfrénant ses passions puisqu'il est raison par nature. (W. C. K. Guthrie, *op. cit.*, p. 283.)

la pédagogie de Prodicos, qui conçoit l'élève plutôt comme un réceptacle passif de théories toutes faites[25].

Selon Prodicos, la religion aurait pour origine la gratitude qu'éprouve l'humain envers la nature pour les capacités dont elle l'a doté ou les facilités qu'elle lui procure, tels le soleil, la terre, l'air, le feu. Les humains tiendraient ces dons pour divins. Prodicos discerne ainsi un lien entre l'agriculture et la religion, la fertilité étant intimement liée aux cultes.

THRASYMAQUE

Originaire de Chalcédoine, Thrasymaque est connu comme professeur de rhétorique, parcourant diverses cités grecques. Platon le rend célèbre dans le premier livre de *La République* : il en fait « un fauve prêt à bondir », pour qui « le juste n'est rien d'autre que l'intérêt du plus fort[26] ». La justice et la loi ne sont pas le fait d'une entente sociale : elles résultent de rapports de force en une lutte sans merci. Le droit, c'est la force. La justice consiste à obéir aux lois que les gouvernants établissent dans leur intérêt. Mais si on désobéit et qu'on se retrouve à son tour au pouvoir, nul blâme ne peut tenir, car : « La trahison ne prospère jamais. Pour quelle raison ? Parce que si elle prospère, personne n'ose l'appeler trahison.[27] » En réaliste cynique, Thrasymaque écrit au moment où Athènes est au faîte de sa domination, prête à s'effondrer, après avoir tiré gloire de sa force. Sur le plan de la religion, il affirme que les dieux se désintéressent des hommes, qui doivent pourvoir eux-mêmes à leurs difficultés.

CRITIAS

Critias (~450 – ~403), descendant de Solon et oncle de Platon, est un aristocrate aux talents philosophiques, un brillant écrivain et un élève de Socrate, qu'il déserte pour poursuivre ses ambitions politiques. Adversaire de la démocratie, il est partisan de Sparte. Il est le « pire des criminels » (Philostrate), le plus sanguinaire des Trente Tyrans chargés de revoir la constitution d'Athènes après sa défaite devant Sparte. L'homme est un animal fait pour être trompé, soutient-il : en trompant, les sophistes imitent et répètent avec raison la tromperie universelle à la base de

25. W. C. K. Guthrie, *op. cit.*, p. 281.
26. Platon, *La République*, I, 336 *b* et 338 *c*.
27. W. C. K. Guthrie, *op. cit.*, p. 302. Platon, *La République*, I, 334 *b*.

toute vie sociale. Les dirigeants n'ont pas à libérer l'homme de la nature, ou de sa nature, mais à le contenir sous des lois répressives. Si la toute-puissance vient du mensonge, alors Dieu est sophiste et le sophiste divin ; Dieu est mensonge. La religion est une invention utile à l'exercice du pouvoir. Le succès des puissants ne vient pas de leur séduction, mais de la crainte qu'ils inspirent. Critias meurt en ~403 pendant la guerre civile, au cours de laquelle les démocrates reprennent le pouvoir à Athènes.

L'ANONYME DE JAMBLIQUE

Jamblique est un philosophe qui vécut vers 250 à 330 ap. J.-C. L'Anonyme de Jamblique est un sophiste dont Jamblique rapporte un texte dans son *Protreptique*. En l'absence de critères sérieux pour trouver la source de ce texte, on retient un auteur anonyme. Il aurait vécu à la fin du ~Ve siècle.

Ce texte est un éloge de la loi, de l'éducation et de la société. Il développe l'idée d'éducation. Il aurait pris de Socrate que « la meilleure façon d'acquérir une bonne renommée était de devenir ce que l'on voulait que l'on pense de nous[28] ». Deviens ce que tu veux paraître, pourrait-on résumer. Or, cette excellence est atteinte, sur la base de dispositions naturelles issues de la chance, par l'éducation et l'ardeur aux études et au travail. Sa lente acquisition attire la confiance des gens et ils ne peuvent plus se comporter en envieux ou avoir l'impression d'être trompés par la recherche d'une gloire frauduleuse. Acquérir un pouvoir absolu sur ses passions est un devoir, et la convoitise des richesses corrompt. Il ne faut pas désirer posséder plus qu'autrui ni mettre en œuvre à cette fin la recherche de pouvoir.

LES *DOUBLES DITS* [29]

Rédigés en dorien, il est difficile d'attribuer les *Doubles Dits* à un auteur (on pense parfois à Gorgias ou à Hippias) ; l'ouvrage est construit sur l'opposition de deux raisonnements à propos d'un même thème : exercice typique des sophistes. La question de la vérité les traverse : si l'on peut tout dire (donc dire n'importe quoi), alors qu'est-ce que la vérité ? N'échappe-t-elle pas au discours ?

---

28. Xénophon, *Mémorables*, 1.7.1.
29. Ce petit ouvrage reçoit aussi le nom de *Doubles* (ou jumelles) *Raisons*. Il apparaît à la fin des manuscrits de Sextus Empiricus. Il daterait de ~400.

AIDE-MÉMOIRE

1. *Protagoras enseigne que toute chose est, par convention, d'établissement humain, construite par l'homme, par son éducation, par ses connaissances et par les lois qu'il adopte.*
2. *Hippias est un érudit. Humaniste, il oppose la loi à la nature. Pour Antiphon, nous sommes semblables selon la nature. La justice n'est que la réglementation des conflits.*
3. *Gorgias soutient que nous ne pouvons connaître la réalité ou en transmettre la connaissance. Professant l'art de persuader, il ne prétend pas enseigner la vertu. Prodicos, maître de Socrate, enseigne pour sa part l'emploi précis des mots comme condition préalable à la vérité, à une vie vertueuse et au gouvernement efficace.*
4. *Thrasymaque enseigne que la justice et la loi sont établies à l'avantage des gouvernants. Les dieux se désintéressent des hommes. Critias dit que l'homme est fait pour être trompé. Dieu est mensonge et la religion est une invention utile des puissants.*
5. *L'Anonyme de Jamblique fait l'éloge de la loi, de l'éducation et de la société. Les* Doubles Dits *sont traversés par la question de la vérité.*

3. LE DÉBAT SUR LA LOI

Archélaos, un philosophe de la nature, écrit : « Le juste et le répréhensible n'existent pas par nature, mais par convention[30]. » La médecine prétend, de son côté, que la force et la faiblesse physiques des peuples s'expliquent par la nature, mais aussi par la manière de vivre ou les habitudes de vie[31]. Hérodote, d'autre part, lors de ses voyages au début du ~Ve siècle, s'aperçoit que les Perses ont d'autres mœurs et d'autres lois[32] que les Grecs, et qu'il est impossible de dire qui a raison. Nous présentons à la page suivante un extrait du compte rendu de ces voyages.

30. Cette formule se trouve chez Diogène Laërce et chez Suidas. Ces auteurs présentent Archélaos comme un philosophe appartenant à l'école de Milet, élève d'Anaxagore et maître de Socrate par ses préoccupations morales.
31. Il s'agit du traité hippocratique, *Sur les airs, eaux et lieux*, qui étudie comment la nature et la loi se conjuguent dans l'explication de la force et de la faiblesse des peuples. L'une des thèses affirme que les usages réagissent sur la nature physique des peuples. Y est aussi étudié l'impact du climat sur leur santé.
32. « Autres pays, autres *nomoi* », constate Eschyle. (Eschyle, *Bacchantes*, 484, cité dans J. de Romilly, *op. cit.*, p. 57.) Le terme *nomoi* a le sens de droit coutumier, mais aussi de loi écrite, qui en Grèce se fonde sur la tradition et tire son autorité de l'accoutumance qui la renforce.

> En effet, que l'on propose à tous les hommes de choisir, entre les coutumes qui existent, celles qui sont les plus belles et chacun désignera celles de son pays – tant chacun juge ses propres coutumes supérieures à toutes les autres. […] Tous les hommes sont convaincus de l'excellence de leurs coutumes, en voici une preuve entre bien d'autres : au temps où Darius régnait, il fit un jour venir les Grecs qui se trouvaient dans son palais et leur demanda à quel prix ils consentiraient à manger, à sa mort, le corps de leur père : ils répondirent tous qu'ils ne le feraient jamais, à aucun prix. Darius fit ensuite venir les Indiens qu'on appelle Callaties, qui, eux, mangent leurs parents; devant les Grecs (qui suivaient l'entretien grâce à un interprète), il leur demanda à quel prix ils se résoudraient à brûler sur un bûcher le corps de leur père : les Indiens poussèrent les hauts cris et le prièrent de ne pas tenir de propos sacrilèges. Voilà bien la force de la coutume et Pindare a raison, à mon avis, de la nommer dans ses vers « la reine du monde »[33].

> Si tous les hommes apportaient en un même lieu leurs malheurs personnels pour en faire l'échange avec ceux des voisins, chacun, après avoir bien examiné les malheurs d'autrui, remporterait avec joie ce qu'il avait apporté[34].

Ces idées ont une grande influence sur le questionnement des sophistes relativement à la valeur de la loi (*nomos*). Le débat sur la loi se cristallise sur l'opposition loi/nature. On admet d'abord que les lois et les coutumes humaines n'appartiennent pas à l'ordre immuable des choses ; ensuite, il est possible de discuter leur fondement et d'adopter à leur égard diverses positions.

Une des questions qui sont discutées au temps de Socrate concerne le statut des lois et des principes moraux[35]. On se demande s'il existe une loi naturelle (*physis*) ou divine qui transcende les lois humaines ou si la loi est exclusivement le résultat des conventions sociales (*nomos*). Être juste, interroge-t-on, est-ce porter respect aux lois humaines ou aux lois transcendantes de la nature ou des dieux ? Que faire d'une loi injuste, et par rapport à quelle norme la qualifier ? D'où viennent les lois ? En quoi une loi peut-elle lier les citoyens : en vertu d'une norme idéale du bien ou pour des raisons d'utilité sociale ? D'autres débats sont aussi soulevés : les dieux existent-ils en réalité ou sont-ils

---

33. Hérodote, *L'Enquête*, III, 38. (Dans *Œuvres complètes*, trad. A. Barguet, Paris, Gallimard, coll. « La Pléiade », 1964, p. 235.)
34. Hérodote, *L'Enquête*, VII, 152. (Trad. J. de Romilly, *op. cit.*, p. 59.)
35. De plus, d'autres questions sont à l'ordre du jour, telles que l'évolution de l'humanité d'un état sauvage à la civilisation, l'unité de l'humanité, l'esclavage et l'égalité, la nature de la vertu politique (*areté*), l'idée de contrat social. W. C. K. Guthrie, *op. cit.*, p. 33.

Thyréa. Relief votif à Asclépios.
« Les bons offices que tu auras accordés à tes parents, attends-toi à les recevoir, dans ta vieillesse, de tes enfants. » Thalès de Milet.

Athènes, Musée National
U.D.F. – La Photothèque

inventés par les humains ? Les cités naissent-elles par décret divin, par nécessité naturelle ou par la loi ? Les distinctions de classe et de race sont-elles l'effet des lois ou ont-elles un fondement naturel ?

Les penseurs grecs introduisent diverses réponses dans le débat[36] qui concerne les lois : les uns voient en elles le « salut » de l'homme ; d'autres y pressentent une contrainte artificielle contre la nature ; d'autres enfin affirment qu'elles sont le produit d'un rapport de force entre les hommes. Nous étudierons ces diverses réponses afin de mieux comprendre dans quel débat théorique Socrate était engagé et quelles positions il défendait. Nous verrons que certaines réponses font l'éloge de la loi, que d'autres adoptent une position réaliste et que certaines prennent parti pour la nature.

36. Nous suivons en cela l'étude de W. C. K. Guthrie, *op. cit.*, p. 63-141, que nous complétons par J. de Romilly, *op. cit.*, p. 73-95, et par F. Châtelet, *op. cit.*, p. 59-67.

L'ÉLOGE DE LA LOI

En général, les Grecs éprouvent de la fierté pour leurs lois. Cependant, les penseurs ne sont pas d'accord sur la nature de celles-ci et sur la nécessité de leur obéir. Certains les considèrent comme le résultat d'une convention, d'un accord, d'un contrat et refusent de les voir comme le produit de la nature ou des dieux. Par ailleurs, certains célèbrent en elles la victoire de la raison sur la nature et s'opposent ainsi à ceux qui considèrent que la loi naturelle a priorité sur les lois humaines.

La loi comme contrat surgit avec Protagoras ; elle serait le résultat d'un consensus entre citoyens qui se considèrent ensuite liés par elle et empressés de lui obéir. Cette conception était en vogue au ~Ve siècle.

Protagoras, partisan d'une conception historique et « évolutionniste », affirme que la « nature humaine » renferme la possibilité d'une progression morale et que l'être humain change, évolue, progresse avec le temps[37]. Il voit les lois comme conquises progressivement par l'humanité et non comme un élément **inhérent** à la nature ou d'origine divine. Elles sont un gain tardif, un remède contre la destruction, un rempart que se donne l'intelligence au cours d'une marche lente et douloureuse vers la civilisation. C'est par elles que les hommes se sont éduqués, civilisés, élevés au-dessus de l'animal, arrachés à la nature. Elles donnent un sens à leurs inventions techniques et, par elles, les humains acquièrent la vertu politique, soit le sens du bien ou de la justice (*dikè*), et la conscience ou le sentiment de honte, de modestie, de respect d'autrui (*aïdos*).

Inhérent, e (adj.)
Lié inséparablement et nécessairement à une chose, à un être.

La vertu n'est donc pas innée et se développe dès l'enfance par la famille et l'école, puis par la cité et ses lois. Celles-ci sont des lignes directrices, une autocensure nécessaire à la vie en société, elle-même essentielle à la vie humaine[38]. Ainsi, le retour à la nature n'est pas souhaitable, soutient Protagoras. La permanence de la loi engendre la **concorde** et maintient les cités. Le devoir envers la loi ne repose sur rien d'autre que le contrat social. La punition de celui qui enfreint la loi doit viser à inculquer une vertu ; elle ne doit pas être inspirée par un esprit de vengeance[39]. La loi et la justice doivent être au-dessus de tout, sinon la vie

Concorde (n.f.)
Union de cœurs, de volontés, bonne intelligence. Paix.

37. La position de Protagoras nous est connue par le dialogue *Protagoras*, de Platon. La question discutée avec Socrate est la suivante : la vertu s'enseigne-t-elle où est-elle naturelle ?
38. Selon Démocrite, la loi existe pour le bienfait et l'excellence de la vie humaine, et elle devrait être intériorisée en chacun.
39. On peut, dans le même sens, se demander quels sont les motifs du recours à la peine de mort : le désir d'éduquer ? un esprit de vengeance ? la recherche de sécurité ?

en société sera impossible. Les vertus politiques préservent le tissu social et l'empêchent de dégénérer vers les atrocités habituelles de la guerre, cette « école de violence »[40].

En conséquence, Protagoras prétend que nous avons l'obligation morale d'obéir aux lois de la cité en vertu d'un engagement à agir ainsi à leur égard. En vertu de ce principe, les lois mêmes imparfaites continuent de s'appliquer. Leur respect constitue une prévention contre le chaos qui ne pourrait manquer de s'ensuivre si les citoyens se plaçaient au-dessus des lois selon leur propre jugement ou selon leur intérêt changeant. Elles ne peuvent être transgressées, mais elles peuvent être changées par voie de débat, au terme d'un processus constitutionnel pacifique.

L'Anonyme de Jamblique, à la fin du ~Ve siècle, est aussi partisan de la loi et de l'ordre (*eunomia*). Comme la nature contraint les hommes à s'unir pour vivre, la légalité est ce qu'il y a de meilleur, en public comme en privé. Son respect procure la confiance, grâce à laquelle se développe la richesse publique ; il permet de vivre en sécurité et favorise l'entraide en préservant le sens de la communauté. Les hommes peuvent consacrer leur temps aux travaux plutôt que de le perdre à plaider dans les procès ; ils peuvent sans crainte se livrer au sommeil, « cette parenthèse dans le malheur des hommes[41] »; et la guerre a moins de prise là où on respecte les lois.

Au contraire, l'illégalité rend paresseux et fait que l'on conduit des affaires plutôt que de mener un travail ; par la perte du sens de la communauté, elle fait concentrer l'argent chez soi, le retirant ainsi du circuit général même s'il y a abondance ; la prospérité devient dangereuse et la subversion s'installe ; on porte les guerres ailleurs en même temps que la sédition prend forme à l'interne ; le sommeil est agité, et le réveil sollicité par les malheurs. « Ainsi, lorsque ces deux principes, la loi et la justice, ont abandonné le peuple, alors leur administration et leur garde émigrent aux mains d'un seul[42]. » Le tyran qui s'installe ne le doit pas à sa force, mais à la faute des gens. Mais, malgré sa toute-puissance, le tyran qui s'est mis hors la loi sera toujours plus faible que le grand nombre et menacé par lui. Cette idée ne semble toutefois pas « réaliste ».

40. Thucydide, III, 82.
41. Anonyme de Jamblique, VII, 5. (Cité dans J.-P. Dumont, *op. cit.*, p. 1165.)
42. Anonyme de Jamblique, VII, 14. (Cité dans J.-P. Dumont, *op. cit.*, p. 1166.)

LA POSITION RÉALISTE

Le berger garde ses brebis pour l'avantage qu'il en tire et non pour leur bien-être, affirme Thrasymaque[43]. L'homme juste est toujours désavantagé dans ses transactions et le tyran qui pille, ment, complote finit par être louangé par ceux qu'il maintient sous sa coupe. Pour Thrasymaque, l'injustice est une bonne politique (ou prudence), la justice une « noble candeur », l'homme juste un « naïf bien éduqué ». On peut croire que Thrasymaque décrit et observe l'atmosphère d'Athènes à la fin du ~Ve siècle, mais ne dit pas qu'il doit en être ainsi. Il constate, par exemple, l'hypocrisie et la perversion entourant la notion de « justice », et il déclare qu'elle n'a rien à voir avec le bien ou le mal, qu'elle ne comporte aucun contenu moral. Tels sont les faits, soutient-il, que les gouvernements établissent les lois en fonction de leurs intérêts.

Impunité (n.f.) Absence de punition.

Glaucon reprend ce que disent généralement les gens : les lois sont un compromis, un mal nécessaire ; la justice qu'elles prescrivent n'est pas le bien, mais reflète l'incapacité à commettre le mal en toute **impunité** ; celui qui peut pratiquer l'injustice sans se faire prendre serait insensé de se laisser lier par les lois[44]. Imaginons l'anneau de Gygès rendant invisible la personne qui le porte au doigt : cette dernière volerait et transgresserait tous les interdits ; ce qui prouve que la bonté et la justice ne sont pas un choix, mais une nécessité encouragée par la peur de souffrir les conséquences qu'entraîne l'illégalité.

Adimante, l'interlocuteur de Glaucon dans *La République*, démontre que la thèse de celui-ci est renforcée par les arguments de ceux qui recommandent d'être juste : ils le font non pour la justice, mais pour la réputation et les avantages qu'elle procure. S'ils déconseillent l'injustice, c'est qu'elle conduit à des souffrances et aux tourments après la mort dans le royaume d'Hadès. Ils louent la justice du bout des lèvres et reconnaissent que l'injustice est plus facile, et déshonorante en apparence seulement.

Rechercher ses propres intérêts est naturel, déclare Glaucon. Et il est dans la nature humaine, comme le soutient Thucydide, de faire le mal et de dominer quand l'occasion se présente. Cette thèse est encore renforcée par Gorgias : « Il n'est pas dans la nature que le fort soit contrarié par le faible, mais que le faible soit gouverné et conduit par le fort,

43. Platon, *La République*, I, 336 *b* et suiv.
44. *Ibid.*, II.

que le fort conduise et que le faible suive[45]. » La nécessité (*ananké*) fait que la nature agit comme une force dépourvue d'intelligence.

Cette association nécessité-nature, ou ce constat des nécessités de la nature, sert par ailleurs les opposants à la loi vue comme artificielle et contraire aux décrets de la nature. Ils voient en la nature une norme dont il faut suivre les prescriptions. Certains l'invonqueront pour des raisons humanitaires, d'autres pour des raisons « égoïstes ». C'est ce que nous verrons maintenant.

LES PARTISANS DE LA NATURE

La critique de la loi et de la justice au nom de la nature et de la liberté a deux visages : l'un égoïste et brutal, comme chez Calliclès, l'autre humanitaire et bien intentionné, comme chez Antiphon et Hippias. Elle prend aussi, dans ce dernier cas, la forme de lois morales ou divines non écrites.

Calliclès, le personnage de Platon[46], voit non seulement comme inévitable mais comme souhaitable que quelqu'un vive en dominant les autres : il considère les conventions sociales et les lois comme un moyen d'étouffer la nature des humains les plus forts ; il est juste que les forts dominent, et dire des tyrans qu'ils sont des « méchants » est absurde et relève de la morale conventionnelle. Les vauriens enseignent la vertu politique, ce qui inclut Socrate. Il est honteux et vulgaire de lui concéder qu'il est plus blâmable de commettre l'injustice que de la subir. Il s'agit là d'un point de vue de faibles. Or, en démocratie, dominent les faibles : l'égalité qu'ils proposent est contre nature, car cette dernière enseigne qu'il est juste que le meilleur gagne et possède davantage que le pire. Les faibles qui sont majoritaires pratiquent la justice par impuissance et non par conviction. Ils se réfugient dans les lois à l'ombre de leur capacité. En vertu des lois de la nature, ils devraient être dominés, puisqu'il en est ainsi chez les animaux. Il est regrettable que le commun des mortels aie honte d'être libre et de vivre dans la pleine mesure de ses pouvoirs. Bref, le tyran est l'idéal, et non le monarque constitutionnel, non plus que le démocrate. La force prime le droit et il est juste qu'il en soit ainsi : il doit en être ainsi[47]. Chez Calliclès, le recours à la nature sert à justifier la préséance de l'individu sur la société ; certains ont qualifié d'égoïste la vision sociale de Calliclès. Mais les tenants de la nature contre la loi ne sont pas tous aussi

45. Gorgias, *Hélène*, 6, DK, II, 290. (Cité dans W. C. K. Guthrie, *op. cit.*, p. 107.)
46. Platon, *Gorgias*. Voir aussi *Les Lois* 890 *a*.
47. On reconnaîtra en Calliclès une source d'inspiration pour Nietzsche.

individualistes que Calliclès : des sophistes comme Hippias et Antiphon vont soutenir les lois naturelles au nom d'un certain humanisme*.

Hippias considère que l'égalité entre les êtres humains est conforme aux lois naturelles et que ce sont les lois humaines qui ont progressivement divisé les humains en hommes libres et en esclaves[48]. Les historiens ne s'entendent pas tous sur l'étendue de l'humanisme d'Hippias : certains pensent qu'il était universel, d'autres qu'il se limitait à prôner l'égalité entre les différentes cités grecques ; mais peut-être était-il limité à la communauté des philosophes, c'est-à-dire à la parenté des esprits[49].

Chez Antiphon, la défense de la nature contre la loi prend deux directions. D'une part, il affirme ce qui suit : « Ainsi l'observation de la justice est tout à fait conforme à l'intérêt de l'individu, si c'est en présence de témoins qu'il respecte la loi ; mais, s'il est seul et sans témoins, son intérêt est d'obéir à la nature[50]. » Cette affirmation peut être interprétée comme un précepte égoïste invitant à ignorer la loi en l'absence de témoins. Mais, d'autre part, Antiphon fait aussi preuve de préoccupations humanitaires quand il insiste sur l'égalité entre les hommes, affirmant que les distinctions basées sur la race ainsi que l'institution de l'esclavage n'ont aucun fondement naturel, mais existent en vertu des conventions sociales : « Le fait est que, par nature, nous sommes tous et en tout de naissance identique, Grecs et barbares […]. Aucun de nous n'a été distingué à l'origine comme barbare ou comme Grec : tous nous respirons l'air par la bouche et par les narines […][51]. »

On peut constater, par les exemples que nous donnons, que ceux qui opposent la supériorité des lois naturelles aux lois humaines

48. La position d'Hippias se rapproche de celle d'un philosophe français du XVIIIe siècle, Jean-Jacques Rousseau. En effet, celui-ci soutient que l'être humain naît bon et libre et que c'est la société qui le corrompt. Il écrit : « Je conçois dans l'Espèce humaine deux sortes d'inégalité ; l'une que j'appelle naturelle […] et qui consiste dans la différence des âges, de la santé, des forces du Corps, et des qualités de l'Esprit, ou de l'Âme ; l'autre qu'on peut appeler inégalité morale, ou politique, parce qu'elle dépend d'une sorte de convention […]. Celle-ci consiste dans les différents Privilèges, dont quelques-uns jouissent, au préjudice des autres, comme d'être plus riches, plus honorés, plus Puissants qu'eux, ou même de s'en faire obéir. » (Jean-Jacques Rousseau, *Discours sur l'origine et les fondements de l'inégalité parmi les hommes*, Paris, Gallimard, 1977, p. 43.) Signalons que, dans ce débat, Platon, contrairement à certains sophistes, défendra la supériorité raciale des Grecs (*La République*, 469 *b* et *c*) et le caractère naturel de l'esclavage (*Les Lois*, 776 *d*).

49. J. de Romilly, *op. cit.*, p. 79.

50. Cité dans J. de Romilly, *op. cit.*, p. 81.

51. *Ibid.*, p. 79.

n'en tirent pas nécessairement les mêmes conclusions : Calliclès se sert de la loi naturelle pour justifier l'inégalité entre les êtres humains – la loi du plus fort –, alors que Hippias et Antiphon recourent à cette même loi pour affirmer l'égalité des races dans l'état de nature.

AIDE-MÉMOIRE

1. *Le débat sur la loi chez les sophistes se cristallise sur l'opposition loi/nature.*
2. *Protagoras affirme que la loi est le résultat d'un consensus entre citoyens, qui se considèrent ensuite liés par elle. Par elle, les humains s'élèvent au-dessus de l'animal et acquièrent la vertu politique. Elle peut être changée par voie de débat.*
3. *L'Anonyme de Jamblique considère que les lois favorisent la richesse, la sécurité et la paix.*
4. *Pour Thrasymaque, la loi n'a pas de valeur morale ; les gouvernements établissent les lois en fonction de leurs intérêts.*
5. *Glaucon croit que les lois sont un mal nécessaire.*
6. *Calliclès soutient qu'il est juste que les forts dominent et que la loi est la protection des faibles.*
7. *Hippias et Antiphon considèrent que la nature doit avoir préséance sur la loi des humains.*

---

4. CONCLUSION[52]

Il n'y a pas que les philosophes qui se sont intéressés à la question de la loi. Sophocle, poète tragique, contemporain des sophistes, cherche à

52. Face à la loi écrite perçue comme relative ou comme insuffisante, Aristote, au ~IVe siècle, a recours à la loi naturelle, qui prend la forme d'une loi morale fondée sur la conscience humaine. Dans *La Rhétorique*, les lois communes, non écrites, n'ont pas une origine divine, mais reposent sur le consentement universel. Cet accord des hommes porte sur des actes « qui représentent le plus haut degré de la vertu et du vice, et auxquels s'appliquent les reproches et les éloges, les marques de mépris et les honneurs, les gratifications ; par exemple, avoir de la reconnaissance pour son bienfaiteur, lui rendre un service en retour de celui qu'il nous a rendu, être secourable à ses amis, et tous actes de ce genre ». (Aristote, *La Rhétorique*, 1374 *a* et *b* ; voir aussi 1368 *b*, trad. J. de Romilly.) Cet aspect de la justice qui dépasse la loi écrite et relève de la morale et de la solidarité, Aristote l'appelle équité (*epieikeia*). (Aristote, *Éthique à Nicomaque*, V, 14, 1137 *a* et suiv., trad. J. de Romilly.) Cette dernière demande que l'on soit indulgent devant les faiblesses humaines et que l'on s'attache à l'esprit de la loi et non à sa lettre. Comme chez Sophocle, c'est un sentiment du bien qui peut imposer la loi non écrite. (J. de Romilly, *op. cit.*, p. 25-38.)

compléter la loi de la cité[53] par une sorte de droit universel, commun à tous, stable et certain, qui prend la forme de lois non écrites des dieux.

Dans *Antigone*, Sophocle imagine un conflit de devoirs entre les exigences de la cité et la conscience morale ou religieuse : un décret du roi Créon interdit que l'on enterre Polynice, le frère d'Antigone. Celle-ci transgresse cet ordre, car ce n'est pas Zeus qui l'a proclamé ni la Justice assise aux côtés des dieux. Un mortel, « par crainte de qui que ce fut », ne saurait passer outre « aux lois non écrites, inébranlables des dieux » et s' « exposer à leur vengeance chez les dieux[54] ». Pour Sophocle, l'universalité de certaines lois, telle l'obligation généralement acceptée de sépulture, est le signe de leur origine divine. Préférer les lois divines aux lois humaines, c'est choisir l'éternel au lieu du précaire. C'est en conscience se laisser pénétrer de leurs préceptes, tels l'amour du beau, la piété fraternelle ou le sens de la justice. C'est ouvrir le cœur humain à l'ordre des dieux. C'est appeler le jugement moral comme tribunal intérieur, car il n'y a pas de juges pour sanctionner les infractions à ces lois non écrites ni prêtres pour guider les conduites.

On pourrait croire que ces réflexions sur la loi sont bien loin de nous, mais c'est pourtant elles qui continueront d'alimenter la pensée occidentale par l'intervention de philosophes comme Thomas Hobbes, John Locke et Jean-Jacques Rousseau ; elles se poursuivront à travers l'école de droit naturel aux XVIIe et XVIIIe siècles, inspireront des actions telles que la Révolution américaine ainsi que le droit canadien qui, par sa Constitution, édicte des préceptes fondamentaux de justice dite naturelle. Ces débats sur la justice et la loi seront aussi alimentés par la pensée de Platon.

---

53. La loi est perçue comme insuffisante en ce qu'elle ne peut prévoir tous les cas. Elle apparaît aussi limitée pour ceux qui recherchent une loi morale, un droit des gens (lois communes des Grecs, tels la sépulture aux morts ou le fait d'épargner les soldats qui font reddition, d'être hospitalier, de respecter ses serments et l'asile politique des lieux sacrés) ou des valeurs marquant l'unité d'une cité (les *patria*, ces coutumes nationales ou principes issus de la tradition et transmis par l'éducation). Voir J. de Romilly, *op. cit.*, p. 26-45.

54. Sophocle, *Antigone*, 450-460. Le terme de « loi non écrite » s'appliquait à cette époque à des traditions d'ordre rituel, transmises dans les familles chargées de certains cultes ; Sophocle leur donne une portée plus universelle. Il est par ailleurs intéressant de noter que l'obligation de sépulture qu'Antigone présente comme absolue était au même moment l'exemple choisi par Hérodote pour montrer la relativité des coutumes. Jacqueline de Romilly, qui attire l'attention sur ce point, rappelle que les deux hommes se connaissaient et respectaient les rites, l'un comme expression d'un absolu, l'autre comme quelque chose de relatif. (J. de Romilly, *op. cit.*, p. 31.)

PLATON

1. La vie de Platon

Platon naît en ~428. D'origine noble, il est initié très jeune aux formes supérieures du savoir de son époque : les mathématiques, la **rhétorique**, la philosophie, la musique, la poésie et les arts dramatiques. Il est d'une stature physique imposante et on dit de lui qu'il a gagné une médaille à la lutte aux Jeux olympiques.

Rhétorique (n.f.) Art de mettre en œuvre les procédés d'expression en vue de persuader.

Dans sa jeunesse, Platon aspire à faire une carrière politique. Mais la société de son temps va à ce point le décevoir qu'il décide de **surseoir** à ce projet afin de se consacrer à la philosophie.

Surseoir (v.tr.) Différer (une action, une décision).

En effet, l'élève de Socrate est témoin, à plusieurs reprises, des injustices que la société athénienne inflige à son maître. En ~404, des proches de Platon participent à un coup d'État qui renverse le régime démocratique d'Athènes au bénéfice de la tyrannie des **Trente Tyrans**. Déçu par la démocratie athénienne, Platon espère que les Trente vont ramener la justice dans sa ville natale. Loin d'être plus équitable, cette tyrannie sanglante va jusqu'à menacer de mort son maître Socrate, parce qu'il refuse de livrer un de ses amis à sa justice[1]. Devant de tels agissements, Platon s'écarte temporairement de la vie publique : « Au spectacle de tous ces faits et d'autres encore du même ordre et non sans gravité, je n'y pus tenir davantage et je m'écartai des abominations qui alors se commettaient[2]. » Les déceptions de Platon ne s'arrêtent pas là. En effet, quatre ans après que **Thrasybule** a rétabli la démocratie à Athènes, Socrate est traîné devant les tribunaux et condamné à mort par ses juges en ~399. Plusieurs des œuvres de Platon rappellent ces événements tragiques, notamment l'*Apologie de Socrate*, qui nous plonge dans l'atmosphère du procès, et le *Criton*, qui se rapporte au court séjour de Socrate en prison.

Trente Tyrans Nom donné aux membres du Conseil oligarchique qui exerça le pouvoir à Athènes après la défaite de cette dernière contre Sparte en ~404.

Thrasybule Général athénien (v. ~445 – ~388). Avec l'aide des Thébains, il chassa les Trente d'Athènes (~403) et rétablit la démocratie.

1. Platon, *Lettre VII*, 324 *e*. (Dans *Œuvres complètes*, t. I, trad. Léon Robin et M. J. Moreau, Paris, Gallimard, coll. « La Pléiade », 1950.)
2. *Ibid.*, 325 *a*.

Platon

Musée du Louvre, Paris
Photo R.M.N./P. Le Roy

Platon vit donc sa jeunesse dans une fin de siècle particulièrement troublée, où la société athénienne apparaît en pleine crise politique. Cette crise ébranle les fondements mêmes de cette société : la loi*, que les Grecs ont placée au-dessus de tous les citoyens, est de plus en plus au service des intérêts d'un groupe au détriment des autres. Comme l'écrit Jacqueline de Romilly : « La vie de Platon se confond avec la crise de la loi[3]. » Comment alors concilier justice* et loi ? Cette question sera au centre de la philosophie politique de Platon. Dans la *Lettre VII*, qu'il fait parvenir aux amis et parents de **Dion**, il revient sur les déceptions de sa jeunesse pour en tirer des leçons :

> En outre, il y avait, tant dans les lois écrites que dans les règles de la coutume, une corruption dont l'étendue était si prodigieusement grande que moi, qui avais commencé par être plein d'un immense élan vers la participation aux affaires publiques, je finis alors [...] par être pris de vertige et par être incapable désormais de me détacher de l'examen des moyens grâce auxquels pourrait bien se produire un jour une amélioration [...][4].

Après la mort de Socrate, Platon entreprend une série de voyages entrecoupés de retours à Athènes. Ces voyages en Sicile et en Égypte le mettent en contact avec de nombreux sages, comme le philosophe **Euclide** et le pythagoricien Archytas. De retour à Athènes, il fonde son école (~387), l'Académie. En plus de la philosophie, on y enseigne les disciplines scientifiques de l'époque, comme les mathématiques, l'astronomie et la médecine.

À la fin de sa vie, Platon s'intéresse de nouveau à la politique, mais cette fois à titre de philosophe : il écrit *La République*, qui décrit une cité idéale dirigée par des philosophes. Voulant lier la théorie à la pratique, Platon se laisse convaincre par un de ses élèves, Dion, de se rendre à **Syracuse** auprès de **Denys le Jeune** afin de l'éduquer dans sa manière de gouverner. Mais cette tentative de convertir ce jeune tyran à la philosophie est un échec : Platon se rend deux fois auprès de Denys mais sans succès. Il complète tout de même sa réflexion sur la société idéale dans un ouvrage intitulé *Les Lois*. Il meurt à Athènes en ~348.

La République et *Les Lois* constituent les pièces maîtresses de la réponse de Platon à la crise de la loi. Dans *La République*, il élabore une

Dion de Syracuse
Homme politique grec (~409 – ~354). Il fit venir Platon à Syracuse. Banni par son neveu Denys le Jeune en ~366, il fut appelé au pouvoir en ~355. Il périt assassiné par les démocrates.

Euclide
Dit le Socratique. Philosophe grec (v. ~450 – v. ~380). Disciple de Parménide et de Socrate, il fonde l'école de Mégare que fréquente Platon.

Syracuse
Colonie corinthienne. Elle impose, au ~Ve siècle, son hégémonie sur la Sicile.

Denys l'Ancien
Tyran de Syracuse de ~405 à ~367. Il étend son influence aux cités grecques de l'Italie méridionale. Il protège les lettres (Platon) et fait de Syracuse un important centre économique.

Denys le Jeune
Fils et successeur, en ~367, du précédent. Chassé de Syracuse en ~356 puis de nouveau en ~344, il s'exile à Corinthe.

3. Jacqueline de Romilly, *La loi dans la pensée grecque*, Paris, Les Belles Lettres, 1971, p. 180.
4. Platon, *Lettre VII*, 325 *d* et *e*.

cité idéale fondée sur une aspiration absolue à la justice. Dans cette société idéale, la connaissance du monde parfait des Idées* et du Bien* rend les lois moins importantes, même s'il demeure essentiel de leur obéir. *Les Lois* constituent, par ailleurs, un ouvrage plus **pragmatique** : dans une société qui n'a pas encore atteint la perfection de la République platonicienne, les lois jouent un rôle essentiel dans l'éducation des citoyens ; elles leur apprennent à sacrifier leurs intérêts égoïstes au bénéfice de l'intérêt supérieur de la cité.

Pragmatique (adj.)
Qui est axé sur des applications pratiques, sur les nécessités de la vie courante.

2. SON ŒUVRE

Platon a laissé une œuvre écrite considérable : 42 dialogues*, 13 lettres et une collection de définitions. Notons que les spécialistes de Platon contestent l'**authenticité** de certaines de ses œuvres. La plus grande partie de son œuvre est écrite sous forme de dialogues qui mettent en scène des sophistes*, des scientifiques et des philosophes de son époque. Socrate est le personnage principal de ces dialogues : il mène constamment le jeu par un questionnement systématique de ses interlocuteurs et guide les discussions philosophiques vers leur dénouement.

Authenticité (n.f.)
Qualité d'une œuvre qui émane effectivement de l'auteur auquel on l'attribue.

Ces dialogues sont à l'image de la pratique de la philosophie à cette époque : dans les écoles, et même dans la rue, la philosophie se manifeste par de vives discussions autour de thèmes comme la vertu* (*Ménon*), le courage* (*Lachès*), la beauté* (*Hippias majeur*), l'amour* (*Le Banquet*) et la science* (*Théétète*), dont on cherche à donner les définitions les plus justes possibles. Cette recherche de la définition parfaite se fait par la confrontation de positions contraires dont on discute la valeur afin de progresser vers une définition de plus en plus **universelle**. Les premiers dialogues de Platon sont dits aporétiques* parce qu'ils ne conduisent pas les participants à trouver une réponse satisfaisante à leur questionnement. Mais cette **aporie*** n'est pas négative : rappelons-nous que pour Socrate, dans l'*Apologie*, le sage est celui qui sait qu'il ne sait pas.

Universel, elle (adj.)
Du latin *universus*, « tout entier ». Qui embrasse la totalité des êtres et des choses.

Aporie (n.f.)
Du grec *aporia*, « qui est sans passage ». Impasse de la pensée, impossibilité de conclure.

Le dialogue est donc la forme littéraire qu'a choisie Platon pour traduire cette recherche collective de la vérité qui nécessite l'engagement moral de tous les participants. L'amitié qui lie ces premiers philosophes dans leurs dialogues quotidiens est désintéressée ; elle s'oppose au commerce de la connaissance que pratiquent les sophistes à Athènes. Par ce dialogue désintéressé, la philosophie devient le symbole de l'expression libre de la pensée.

AIDE-MÉMOIRE

1. *Platon naît en ~428.*
2. *Il assiste au procès de Socrate en ~399.*
3. *Il fonde son école, l'Académie, en ~387.*
4. *À la fin de sa vie, il fait deux tentatives infructueuses d'appliquer ses idées politiques auprès de Denys le Jeune à Syracuse.*
5. *Platon meurt en ~348.*
6. *Son œuvre prend la forme de dialogues dont Socrate est un personnage de premier plan.*

3. SA PHILOSOPHIE

Tout en poursuivant cette recherche socratique de la vérité par le dialogue, la philosophie de Platon insiste sur le monde des connaissances véritables, qui est situé au-delà de l'accord dans la discussion. Les connaissances vraies appartiennent chez lui à un monde extérieur aux langages des humains. Au mieux, les aspirants philosophes, après une longue initiation, pourront contempler ces Idées ou Formes* parfaites.

On écrit *Idée* avec une majuscule, quand on parle de la théorie de Platon, afin de la distinguer de l'idée au sens commun, qui signifie plutôt un concept produit par l'esprit humain. En effet, les Idées ou Formes platoniciennes sont des essences* éternelles et immuables qui existent indépendamment de la pensée humaine. Le monde tel qu'il nous apparaît à première vue n'est donc, pour Platon, qu'une copie, qu'un reflet du monde parfait des Idées. Deux mondes structurent l'univers philosophique de Platon : d'un côté, le monde déformé que nous livre l'expérience de nos sens ; de l'autre, la perfection du monde des Idées, auquel nous ne pouvons accéder que par les facultés de connaissance supérieure de notre âme*.

LE DUALISME

Dans la pensée de Platon, l'initiation au monde des Idées ne se fait pas sans douleur : notre corps résiste à cette recherche de la vérité et tend à nous maintenir dans le monde illusoire des connaissances sensibles. On peut donc parler d'une vision dualiste* de l'être humain : le corps est conçu comme une prison pour l'âme. La recherche de la vérité est alors une lutte constante de l'âme contre les illusions entretenues par le corps. On retrouve cette opposition dans la position radicale que Platon fait prendre à Socrate dans l'*Apologie* : celui-ci y affirme ne pas craindre la mort parce qu'elle ne concerne que son corps. Au contraire, il se réjouit de cette mort, puisque son âme, libérée du poids de la vie corporelle, pourra maintenant rejoindre la **félicité** des dieux[5]. On reconnaît ici une autre forme de ce dualisme : l'âme est éternelle et de nature divine, alors que le corps est matériel et périssable. Mais cette opposition entre la connaissance inférieure que nous procurent nos sens et la connaissance des Idées que nous procure notre âme n'est pas **irréductible** : par l'initiation philosophique, il demeure possible de passer de l'une à l'autre. En effet, s'initier à la philosophie consiste essentiellement à suivre une démarche rationnelle permettant de passer des fausses certitudes de la connaissance sensible aux connaissances véritables du monde des Idées. Comme nous allons maintenant le voir, l'initiation philosophique est une démarche intérieure où notre conscience apprend progressivement à trouver en elle-même le chemin de la connaissance véritable. Par le dialogue philosophique, l'initié peut, en effet, retrouver en son âme toutes les vérités que les préoccupations de la vie quotidienne lui ont souvent fait oublier.

Félicité (n.f.)
Bonheur suprême.

Irréductible (adj.)
Qui ne peut être ramené à autre chose.

LA THÉORIE DE LA RÉMINISCENCE*

Réminiscence (n.f.)
Rappel à la mémoire d'un souvenir qui n'est pas reconnu comme tel.

L'art qui permet d'initier l'apprenti philosophe aux réalités supérieures est la maïeutique*. Le terme désignait l'activité des sages-femmes qui aidaient à l'accouchement. Platon reprend le terme dans un sens figuré et l'applique à l'accouchement des Idées. Il s'agit, comme Socrate l'a fait toute sa vie, d'accoucher les esprits, c'est-à-dire de faire (re)découvrir à ses interlocuteurs des vérités qu'ils portent en eux sans le savoir.

Par exemple, c'est grâce à la maïeutique que Socrate arrive à initier Théétète, élève d'Euclide, à la science véritable. Par l'éducation philosophique, il est alors possible de faire accoucher l'apprenti philosophe d'Idées qui sommeillaient simplement dans son âme. Socrate explique à Théétète son art : « […] ce qu'il y a, dans mon art à moi, de

5. *Apologie*, 40 *c* à *d*.

plus important, c'est d'être capable de faire sur la pensée d'un jeune homme, de toutes les manières possibles, l'épreuve de ce qu'elle enfante, et de voir si c'est un simulacre et une illusion, ou bien quelque chose de viable et de vrai[6]. »

Comment expliquer cette présence de « chose viable et vraie » qui, selon Platon, sommeille dans nos âmes ? On ne peut le faire qu'en comprenant la vision cosmogonique* que se fait ce dernier des pérégrinations de l'âme. Comme l'explique Platon dans le mythe de l'*attelage ailé*[7], l'âme a d'abord contemplé le monde des Idées avant d'être condamnée à habiter un corps ; ce corps lui a fait oublier temporairement cette contemplation, mais le philosophe peut faire en sorte que l'âme se souvienne de nouveau de ce monde de la connaissance parfaite. Cette théorie de la réminiscence* implique une intériorisation de la connaissance : la vérité n'est plus dans l'observation du monde, comme le soutenaient par exemple les physiciens de Milet, mais dans le souvenir oublié dans notre âme du monde parfait des Idées.

Pérégrinations (n.f.pl.)
Succession de longs voyages faits en de nombreux lieux.

Milet
Cité ionienne de l'Asie Mineure. À partir du ~VIIIe siècle, elle fut un important centre de commerce et un foyer de culture grecque (école philosophique).

L'ALLÉGORIE DE LA CAVERNE

On parlera de la théorie des Idées ou des Formes chez Platon pour traduire les termes grecs *eîdos* et *idéa*, qui sont de même famille que le terme *eîdon*, qui signifie « voir ». Cette contemplation des Idées, par le philosophe, est le produit d'une longue initiation que Platon a racontée dans l'allégorie de la caverne[8].

Allégorie (n.f.)
Suite d'éléments descriptifs ou narratifs dont chacun correspond aux divers détails de l'idée qu'ils sont censés exprimer.

Cette allégorie raconte l'histoire de prisonniers enchaînés depuis toujours au fond d'une caverne. Comme ils sont enchaînés de façon à faire face à la paroi du fond, ces prisonniers n'ont toujours vu que les ombres que projettent des objets éclairés par un feu sur la paroi de la caverne. Incapables d'accéder à une véritable connaissance, ils sont condamnés à se fier aux impressions que leur laissent leurs sens et aux opinions qui circulent parmi les prisonniers enchaînés. Or, comme l'allégorie veut nous le faire voir, ni nos sens ni les opinions (*doxa*) ne constituent une source fiable pour fonder nos connaissances.

6. Platon, *Théétète*, 150 *c*. (Dans *Œuvres complètes*, t. II, trad. Léon Robin et M. J. Moreau, Paris, Gallimard, coll. « La Pléiade », 1950.)
7. Platon, *Phèdre*, 245-255.
8. Platon, *La République, VII*, 514 *a*-519 *d*.

L'allégorie platonicienne raconte que les prisonniers vivent dans ce monde illusoire jusqu'à ce qu'on libère l'un d'eux de ses chaînes. Cette conversion est difficile : le condamné libéré doit abandonner ses vieilles habitudes de connaissance pour s'initier à la réflexion et à la connaissance de soi. Cette initiation philosophique va conduire le prisonnier de ses sens et de l'opinion hors de la caverne pour qu'il contemple enfin le monde véritable. Mais, encore là, il faudra procéder par étapes : l'initié devra d'abord contempler le reflet des choses dans l'eau, profiter de la nuit pour contempler les astres et, finalement, apprendre à regarder directement le soleil, qui est, à titre de symbole du Bien, la source de toutes nos connaissances. L'allégorie se termine avec le retour du prisonnier au fond de la caverne. Maintenant initié au monde de la connaissance intelligible, il a la mission de libérer ses concitoyens de l'illusion de la connaissance sensible. C'est là le rôle assigné par Platon au philosophe.

Comme nous venons de le voir, cette allégorie raconte comment le monde changeant des apparences qui nous entoure – et que nous prenons souvent pour la réalité elle-même – est en fait un monde d'illusions. Ces ombres sur le fond de la caverne que je prends pour la réalité symbolisent pour Platon le monde de mes connaissances acquises par l'intermédiaire de mes sens. Or, ce que je vois, sens, touche ne représente qu'une forme inférieure et nécessairement partielle de la connaissance. Si je ne me fiais qu'à mes sens, je pourrais facilement croire, par exemple, que le soleil est gros comme un ballon ou qu'il n'existe plus la nuit venue. Mais, pour Platon, l'illusion de la connaissance sensible et la véritable connaissance du monde intelligible ne sont pas des domaines totalement séparés. Grâce à la dialectique, la connaissance sensible pourra devenir une étape dans le processus de la connaissance. Le monde de la connaissance sensible doit être éclairé par une connaissance de nature supérieure à laquelle seule notre âme peut accéder. L'Idée de soleil est, par exemple, indispensable pour comprendre les différentes apparences sensibles que peut prendre le soleil selon les circonstances.

Le processus de la connaissance peut donc se développer dans une dialectique* à la fois ascendante et descendante : de l'illusion de la connaissance sensible vers le monde des Idées, mais aussi de ce monde **intelligible*** vers ses incarnations dans des formes sensibles. La caverne platonicienne établit donc le passage difficile mais possible entre deux modes de connaissance opposés. Cette opposition entre une

Intelligible (adj.) Qui est connaissable par l'intelligence et non par les sens.

connaissance sensible inférieure et une connaissance intelligible supérieure est une thèse importante de l'histoire de la philosophie que l'on retrouvera, sous une forme ou sous une autre, chez des philosophes comme Aristote et Descartes.

Chez Platon, les Idées sont ordonnées entre elles de façon à assurer le caractère intelligible du monde. Dans *La République*, Platon propose d'ordonner nos connaissances du plus sensible au plus intelligible de la façon suivante : l'illusion (*eikasia*) et la croyance (*pistis*) pour la connaissance sensible du domaine de l'opinion (*doxa*) ; la raison* discursive (*dianoia*) portant sur les connaissances mathématiques et la raison intuitive (*noésis*) visant à la contemplation des Idées pour la connaissance intelligible du domaine de la science (*épistèmê*).

Les Idées sont subordonnées à l'idée de Bien, symbolisée par le soleil dans l'allégorie de la caverne. Le philosophe est alors celui qui cherche avant tout la contemplation du Bien, seul susceptible de lui donner une connaissance claire et ordonnée du monde.

Mais la philosophie de Platon ne se contente pas d'opposer ces deux modes de connaissances. Elle cherche aussi à montrer comment ces deux façons de connaître sont liées l'une à l'autre dans l'acte de connaissance. Il est, par exemple, difficile de comprendre ce qu'est la beauté sans avoir perçu avec nos sens une chose qui soit belle. La connaissance sensible de la beauté et l'Idée de beauté y semblent intimement mêlées. Platon a parlé de la participation du monde des Idées au monde sensible dans le *Phédon*[9] en montrant que toute connaissance véritable exige de reconnaître l'Idée derrière les apparences sensibles d'un phénomène*.

Dans une telle théorie de la connaissance, la vérité n'est pas relative, contrairement à ce que certains sophistes prétendaient à l'époque de Platon. Elle prend, au contraire, un caractère absolu. On comprend mieux alors l'importance qu'accordait Platon aux mathématiques et à la géométrie, qu'il considérait comme des formes de savoir supérieures se rapprochant d'un savoir absolu*. Il avait d'ailleurs fait graver sur le porche de l'Académie à Athènes : « Que nul n'entre ici s'il n'est géomètre ».

Aristote
Philosophe grec (~384 – ~322). Il quitte la Macédoine à 17 ans pour Athènes, où il rejoint l'Académie. Il y suit les cours de Platon. Il fonde le Lycée, où il enseigne « en se promenant », d'où le nom d'« école péripatéticienne ».

René Descartes
Philosophe et mathématicien français (1596 – 1650). Refuser l'usage dogmatique de l'autorité et n'admettre en sciences que la raison, telle est son exigence. Il formule une méthode qui consiste à conduire par ordre ses pensées.

Discursif, ive (adj.)
Qui tire une proposition d'une autre par une série de raisonnements successifs (opposé à *intuitif*). (Voir *discours* dans le glossaire.)

Intuitif, ive (adj.)
Qui a le caractère d'une forme de connaissance immédiate qui ne recourt pas au raisonnement. (Voir *intuition* dans le glossaire.)

Phénomène (n.m.)
Tout fait qui se manifeste à la conscience par l'intermédiaire des sens.

9. Platon, *Phédon*, 100 *c* à 101 *b*.

AIDE-MÉMOIRE

1. *Le corps est conçu comme une prison pour l'âme (dualisme).*
2. *Platon conçoit la connaissance comme un effort de l'âme humaine pour se remémorer des Idées qu'elle a contemplées avant de s'incarner.*
3. *L'allégorie de la caverne illustre la théorie des Idées de Platon ainsi que sa conception du rôle du philosophe.*
4. *La connaissance sensible est une connaissance partielle qui n'est en fait qu'une copie, un reflet du monde parfait des Idées.*
5. *Le passage ordonné de la connaissance sensible à la connaissance intelligible se fait par la science de la dialectique.*

Korè de l'Acropole
L'âme est éternelle et de nature divine, alors que le corps est matériel et périssable.

Musée de l'Acropole, Athènes
Artephot/Nimatallah

LE PHILOSOPHE ET LA CITÉ

Pour Platon, l'initiation philosophique au monde de la connaissance des Idées est indissociable de l'apprentissage d'un mode d'être, d'une façon d'agir qui font du philosophe un être vertueux et juste. On comprend mieux alors pourquoi Platon considère que la cité idéale doit être dirigée par des philosophes : les plus sages sont les mieux placés pour éduquer leurs concitoyens et prendre des décisions éclairées. La conception que se fait Platon d'une république idéale est très hiérarchique : chaque citoyen est appelé à y jouer un rôle qui est déterminé par le niveau d'émancipation de son âme. Platon distingue clairement entre les citoyens qui sont guidés par les forces inférieures de leur âme (désirs) et ceux qui ne se fient qu'à la force supérieure de leur âme (raison). Il écrit dans *La République* :

> Nous aurons donc raison de penser que ce sont deux principes distincts l'un de l'autre ; l'un, celui par lequel l'âme raisonne : nous l'appelons raison (*logistikon*) ; l'autre, celui par lequel elle aime, a faim et soif, et devient la proie de tous les désirs : nous l'appelons absence de raison et désir (*épithumètikon*)[10].

Cette opposition entre le désir et la raison sera complétée par l'introduction d'un élément intermédiaire : la colère (*thumos*). Symbolisé par le cœur (force de vie, courage), le *thumos* peut tout aussi bien être au service de la raison que des sens. Le tableau suivant permet de

10. Platon, *La République*, 439 *b*. (Dans *Œuvres complètes*, t. I, trad. Léon Robin et J. M. Moreau, Paris, Gallimard, coll. « La Pléiade », 1950.)

comparer les parties du corps et de l'âme dans leurs rapports avec les différentes fonctions sociales dans *La République* de Platon.

	LA RÉPUBLIQUE	
CORPS	CLASSES	ÂME
Tête	Philosophe	Raison (*Logistikon*)
Cœur	Militaire	Colère (*Thumos*)
Organes génitaux	Peuple	Désir (*Épithumètikon*)

Ce régime politique idéal s'éloigne sensiblement de la démocratie qui règne à Athènes à l'époque de Platon. Ce dernier s'offusque de voir les dirigeants d'Athènes élus au hasard ; il demande à ses concitoyens s'ils choisiraient le capitaine de leur bateau au hasard pour affronter la tempête ! C'est au philosophe qu'il faut confier le pouvoir de gouverner, car il agit conformément à l'Idée de Bien. Ce savoir ne repose pas sur des opinions, mais sur des vérités fondées rationnellement.

LA QUESTION DE LA LOI

Dans la **prosopopée** des lois du *Criton*[11], Platon n'hésite pas à placer le respect des lois au-dessus de l'intérêt personnel :

> Et à l'égard de la Patrie, à l'égard de ses lois, il te serait possible de faire n'importe quoi, de telle sorte que si nous concevons de te faire périr parce que nous croyons qu'il est juste de le faire, tu pourrais, toi, mettre toute ton énergie à nous détruire, nous, les Lois, et aussi la Patrie ! Et en faisant cela, tu oseras dire que tu fais une action juste, toi dont le souci le plus authentique est la vertu[12] !

Prosopopée (n.f.) Du grec *prosôpon*, « personne », et *poieîn*, « faire ». Procédé par lequel l'orateur ou l'écrivain prête la parole à des êtres inanimés, à des morts ou à des absents.

Le citoyen peut toujours tenter de persuader la cité ou la patrie qu'une loi est injuste, mais cela ne le dispensera pas de la respecter[13]. Cependant, pourquoi une telle insistance sur l'obligation de respecter les lois ? On comprend mieux cette obligation quand on analyse le contexte intellectuel et politique dans lequel Platon a écrit le *Criton*.

11. *Criton*, 50 *c* et suiv.
12. *Ibid.*, 51 *a*.
13. *Ibid.*, 51 *c* et *e*, 52 *a*.

Isonomie (n.f.)
Du grec *isos*, « égal », et *homos*, « ce qui est attribué en partage, usage, loi ». Égalité devant la loi.

Prépondérant, ante (adj.)
Qui a plus d'importance, d'autorité ; capital, primordial.

Humanisme (n.m.)
Position philosophique qui met l'homme et les valeurs humaines au-dessus des autres valeurs.

La philosophie des lois de Platon est élaborée en réaction au courant de la pensée sophistique, qui tend à rendre les lois relatives et arbitraires. En effet, certains, comme le rhéteur Thrasymaque, affirment que la justice est toujours du côté de ceux qui exerçent le pouvoir ; d'autres, comme Calliclès, que la loi naturelle du plus fort doit avoir préséance sur l'**isonomie*** des lois humaines. Cette vision sophistique de la loi, qui accorde une place **prépondérante** au pouvoir des sociétés humaines, est en rupture avec la tradition grecque, qui considère les lois comme le prolongement des réalités divines et naturelles. En effet, pour les Anciens, la loi humaine doit se contenter de reproduire l'ordre divin et naturel. Il y a donc un certain retour à la tradition dans la position philosophique de Platon. Pour ce dernier, une loi est juste si elle respecte deux conditions : elle doit être universelle, donc fondée en raison, et subordonnée aux dieux. La première exigence de Platon vise à faire échec à tous ceux qui cherchent à rendre les lois relatives. Une loi juste doit être rédigée par le législateur dans l'intérêt de toute la *polis*. Platon s'oppose ici à Thrasymaque, qui affirme que les lois sont toujours faites dans le seul intérêt de ceux qui gouvernent. À une loi au service du plus fort, Platon oppose donc un intérêt général qui doit transcender l'intérêt particulier. La deuxième exigence vient compléter cette affirmation du caractère universel de la loi. En effet, pour Platon, la loi doit aussi s'harmoniser avec la volonté divine. Ici, c'est au sophiste Protagoras qu'il cherche à faire échec. Ce dernier affirme que « l'homme est la mesure de toutes choses » et, du fait même, ramène les lois à une échelle purement humaine. Platon réplique à l'**humanisme** de Protagoras par ces mots : « C'est donc Dieu qui serait pour nous au plus haut degré la mesure de toutes choses[14]. » Le Bien, qui doit inspirer toutes les lois, se confond avec le monde divin[15]. On assiste donc, chez Platon, à une double transcendance de l'universel et du divin qui donne à la loi son fondement absolu. Comme on peut le voir, le fondement de la loi n'est pas uniquement religieux : la nécessité d'une loi universelle et subordonnée au Bien donne un caractère philosophique à la demande de Platon. Il faut donc

14. Platon, *Les Lois*, 763 *c*. Voir la section « Les sophistes ».
15. Après avoir évoqué la possibilité que Socrate désobéisse aux lois d'Athènes en s'enfuyant, les lois humaines, dans la prosopopée, rappellent à Socrate le sort que lui réserveraient alors les lois divines après sa mort : « [...] dans l'Hadès, nos sœurs, les Lois qui règnent là-bas, ne te feront pas bon accueil, sachant que tu as entrepris dans la mesure de tes moyens de nous détruire. » (*Criton*, 54 *c*). Mais cette allusion du *Criton* aux lois du royaume d'Hadès n'est encore qu'une analogie. Les lois humaines ne sont pas encore clairement subordonnées aux lois divines. Il ne faut pas perdre de vue que le *Criton* est un dialogue de jeunesse de Platon où l'influence de Socrate est encore très grande : l'obéissance aux lois y dépend avant tout d'une entente qui lie tous les citoyens.

se garder de voir dans la philosophie des lois de Platon un retour pur et simple à la tradition religieuse. Le combat de Platon contre la conception sophistique de la loi est un combat philosophique. Il propose aussi une démarche morale dans laquelle la question de l'obéissance à la loi devient la preuve par excellence d'une vie vertueuse.

VERS UNE CONSCIENCE MORALE

Comme nous l'avons vu, Platon affirme que, pour être juste, la loi humaine doit être conforme aux lois harmonieuses qui régissent l'univers (**cosmos**). Mais Platon va proposer aussi une **intériorisation** des lois qui associe leur respect au développement d'une âme vertueuse. La loi divine devient plus humaine lorsqu'on l'intériorise. Mais, cela ne signifie pas que cette loi soit arbitraire et relative. Elle repose, au contraire, sur une aspiration universelle de l'âme à la justice (*diké*). En développant cette vertu en nous, nous réalisons notre bien, c'est-à-dire ce pour quoi notre être a été créé. Cette conception de la vertu de justice comme accomplissement de soi, comme réalisation de la perfection de l'être humain n'est pas exclusive à Platon. Elle était déjà présente chez certains de ses contemporains, notamment Périclès. Mais l'originalité de Platon consiste à associer cette recherche de la réalisation harmonieuse de soi à la recherche de la vérité. Comme Socrate, Platon conçoit que la connaissance prend une place de premier choix dans l'accomplissement parfait de l'âme.

Cosmos (n.m.)
L'univers considéré comme un système bien ordonné.

Intériorisation (n.f.)
Le fait de s'approprier par l'esprit, de ramener intimement en soi.

Cette aspiration à la justice se fonde donc sur une rationalité universelle (*logos*) qui assure le caractère rationnel de la justice. L'âme humaine constitue alors un véritable **microcosme** de l'univers et de la société : la vraie raison (*logos aléthès*) qui habite l'âme humaine reflète la rationalité géométrique de l'univers et doit constituer le modèle de la société et de ses lois. Mais cette vertu de justice n'est pas également développée en chacun de nous : elle est le plus souvent en conflit avec des passions qui éloignent l'être humain de son aspiration à la justice. Les formes inférieures de l'âme doivent alors être mises au service de sa forme supérieure qu'est la raison. Seule l'éducation (*paideia*) peut mener cette tâche à bien. C'est pourquoi *La République* de Platon est avant tout un plaidoyer pour une éducation **civique** de tous les citoyens.

Microcosme (n.m.)
Du grec *mikros*, « petit », et *kosmos*, « monde ». Monde en petit dont la structure reflète le monde (macrocosme) auquel il appartient.

Civique (adj.)
Relatif au citoyen. Sens de ses responsabilités et de ses devoirs de citoyen.

Si dans *La République* Platon met l'accent sur l'éducation civique, dans *Les Lois* il insiste davantage sur la nécessité de contraindre le citoyen à subordonner son intérêt personnel à celui de la collectivité. L'État doit donc veiller à protéger l'intérêt public avant celui des individus. On dirait aujourd'hui que, pour Platon, les droits collectifs passent avant les droits individuels. Il préconise, par exemple, que l'éducation obligatoire pour tous les citoyens ne soit pas laissée entre les mains des familles, mais confiée à l'État[16], et, de même, que les naissances soient strictement contrôlées par l'État[17], comme c'est le cas actuellement en Chine, par exemple. Plusieurs commentateurs de Platon ont qualifié son système politique de **communiste** ou encore de **totalitaire**. Il pousse, en effet, assez loin le souci de subordonner l'intérêt individuel à l'intérêt collectif. Dans *Le droit antique et ses prolongements modernes*, Jean Imbert écrit :

> L'État **théocratique** de Platon est également totalitaire. Les citoyens y sont en nombre fixe : 5040 (1 × 2 × 3 × 4 × 5 × 6 × 7 = 5040), tous propriétaires et exercent les mêmes droits politiques. Pour maintenir l'équilibre et la cohésion de la Cité, le mariage est obligatoire, les repas sont pris en commun, la propriété privée est limitée, les titulaires de lots de terre ne pouvant augmenter leurs biens au-delà d'une mesure déterminée. La dénonciation est imposée à tout citoyen qui a connaissance d'un manquement à la loi ; pas de voyage à l'étranger, sauf pour une mission officielle[18]!

Mais les lois et règlements imposés par l'État ne doivent pas l'être par la force. L'éducation permet d'inculquer la vertu par l'acquisition d'habitudes civiques basées sur le respect des lois. La vertu consistera alors à mettre ensemble des habitudes acquises dès le plus jeune âge avec une attitude de réflexion tournée vers la recherche constante de la vérité. Il ne faut pas perdre de vue le fait que, pour Platon, les lois ne seraient pas nécessaires si les citoyens étaient assez sages pour reconnaître en toutes circonstances le bien de la société. Le savoir demeure supérieur à toute législation, mais les humains en sont presque toujours privés parce qu'ils n'écoutent que la voix égoïste du plaisir en eux :

> La mortelle nature poussera constamment l'homme à la convoitise du plus avoir et à l'activité égoïste […]. Bien entendu, si un jour il naissait un homme qui, en vertu d'une grâce divine, posséderait de nature la capacité d'unir l'une à l'autre les deux conditions – un savoir et une souveraineté absolue – dont j'ai parlé, il n'aurait nul besoin des lois pour régir sa conduite personnelle[19].

Communisme (n.m.)
Doctrine tendant à la collectivisation des moyens de production, à la répartition des biens de consommation suivant les besoins de chacun et à la suppression des classes sociales.
Communiste (adj.) Qui applique le communisme.

Totalitaire (adj.)
Se dit d'un régime politique dans lequel les pouvoirs exécutif, législatif et judiciaire sont concentrés entre les mains d'un nombre restreint de dirigeants qui subordonnent les droits de la personne humaine à la raison d'État.

Théocratie (n.f.)
Du grec *theos*, « dieu », et *kratos*, « puissance ». Régime politique dans lequel le pouvoir est considéré comme venant directement de Dieu et exercé par ceux qui sont investis de l'autorité religieuse.
Théocratique (adj.) Relatif à la théocratie.

16. Platon, *Les Lois*, VII, 804 *d* et suiv.
17. *Ibid.*, V, 740 *c* et suiv.
18. Jean Imbert, *Le droit antique et ses prolongements modernes*, Paris, PUF, coll. « Que sais-je ? », p. 41.
19. Platon, *Les Lois, IX*, 875 *b* et *c*.

AIDE-MÉMOIRE

1. *La cité idéale de Platon, sa république, doit être guidée par les plus sages de la société : les philosophes.*
2. *La république platonicienne n'est pas démocratique. Elle est, au contraire, constituée de classes sociales très hiérarchisées. Les décisions ne s'y prennent pas d'après l'opinion majoritaire des citoyens, mais plutôt en s'inspirant d'un savoir absolu, supérieur à l'opinion humaine.*
3. *Pour Platon, le respect des lois doit toujours être placé au-dessus de l'intérêt personnel.*
4. *La loi, pour Platon, doit être faite pour tous et s'harmoniser avec les lois divines, qu'il associe au Bien.*
5. *Dans sa polémique avec les sophistes, Platon défend une conception traditionnelle de la loi qu'il fonde sur l'ordre divin et naturel. L'originalité de sa pensée consiste à proposer une intériorisation de la loi par la réalisation de la vertu de justice.*
6. *Cette aspiration de l'âme à la justice se confond avec la recherche de la vérité.*

4. PLATON ET LES PREMIERS PAS DE LA RATIONALITÉ OCCIDENTALE

Nous n'avons fait qu'un survol de la philosophie de Platon, mais nous pouvons tout de même en tirer quelques éléments de réflexion qui nous aideront à mieux comprendre ce qu'est la philosophie. Par exemple, la distinction que fait Platon entre une connaissance sensible et une connaissance intelligible nous renseigne sur le fait que le processus de connaissance n'est pas simple et qu'il met à contribution plusieurs facultés humaines : nos sens, notre imagination, notre mémoire et finalement notre raison. Pour Platon, c'est la raison (*logos**) qui apparaît comme la faculté de connaissance la plus proprement humaine. C'est en me détachant de la connaissance sensible – que j'ai en commun avec le monde animal – que je me réalise pleinement comme être humain. Après Platon, Aristote définira l'être humain comme un animal rationnel. Mais qu'est-ce donc que cette faculté de la raison qui nous permettrait de nous élever au-dessus des impressions de nos sens et d'accéder à un niveau supérieur de connaissance ? Dans l'histoire de la philosophie, les penseurs donneront à la faculté de la raison des sens assez différents.

Voici quelques éléments de définitions que nous avons retenus du *Vocabulaire technique et critique de la philosophie* d'André Lalande :

- La faculté de raisonner discursivement, de combiner des concepts et des propositions (Aristote). Le terme « concept » signifie ici l'idée générale que nous avons d'un être ou d'une essence.
- [...] la faculté de bien juger (Descartes), c'est-à-dire de distinguer le vrai du faux, le bien du mal et le beau du laid.
- Une forme de connaissance naturelle où l'esprit humain peut atteindre à une certaine vérité sans l'intervention de connaissances révélées par la religion. Ici rationalité et religion s'opposent comme formes de la connaissance.
- Un système de principes *a priori* dont la vérité ne dépend pas de l'expérience, qui peut être logiquement formulé et dont nous pouvons avoir une connaissance réfléchie (Leibniz). Les connaissances acquises par la raison s'opposent ici clairement aux connaissances acquises par nos sens [...][20].

A priori (loc.adv.)
En partant de données antérieures à l'expérience.

Wilhelm G. Leibniz
Philosophe allemand (1646–1716).

Accréditer (v.tr.)
Rendre crédible, confirmer.

Sigmund Freud
Médecin autrichien (1856–1939). Fondateur de la psychanalyse.

Pulsion (n.f.)
Tendance permanente et habituellement inconsciente qui dirige l'activité d'un individu.
Pulsionnel, elle (adj.) Relatif aux pulsions.

Originaire (adj.)
Qui est à l'origine, à la source même d'une chose.

Friedrich Nietzsche
Philosophe allemand (1844–1900).

Cette supériorité de la raison que semble accréditer toute l'histoire de la philosophie a tout de même été remise en cause à notre époque par plusieurs penseurs. Ils ont voulu indiquer une limite à la prétention de la Raison à tout connaître et à tout expliquer. Sans remettre en cause la nécessité de la connaissance rationnelle, la philosophie contemporaine a jeté un regard critique sur 2500 ans de philosophie rationaliste*. Pour terminer, voyons quelques exemples de réflexions actuelles sur cette supériorité de la Raison :

- Freud montre que, en marge de la conscience rationnelle de l'être humain, il y a de larges zones inconscientes qui influencent notre vie à notre insu. Socrate a donné à l'inscription de Delphes « Connais-toi toi-même » une interprétation rationaliste : se connaître, c'est suivre la voix du *logos**. Avec Freud, la connaissance de soi doit tenir compte d'un nouvel acteur : la force inconsciente de notre monde pulsionnel. Jusqu'à quel point la conscience rationnelle ne vient-elle pas alors se superposer à une couche de notre conscience plus originaire et plus près de la vie ? D'une tout autre façon, Nietzsche, à la même époque, reprendra une réflexion semblable en accusant Socrate d'avoir

20. André Lalande, *Vocabulaire technique et critique de la philosophie*, vol. 2, Paris, PUF, 1992, p. 877-887.

abandonné les philosophies de la vie des premiers philosophes grecs pour une sagesse désincarnée basée sur le renoncement à soi.

- Marx, pour sa part, détourne notre regard de la définition aristotélicienne de l'homme comme animal rationnel pour nous faire voir chez l'être humain le producteur, le travailleur. Les conditions matérielles d'existence* de l'être humain permettent seules, selon lui, de comprendre ce qui se passe dans le cerveau de cet être. Ainsi, *La République* de Platon, qui place le philosophe et sa Raison au sommet de la pyramide sociale, s'expliquerait par les conditions matérielles d'existence de la société grecque à l'époque de Platon. À son insu, Platon ne ferait que reproduire et justifier les réalités sociales des sociétés esclavagistes de son époque : les philosophes appartiennent à l'aristocratie et sont donc justifiés, au nom de la Raison, de gouverner la république ; les travailleurs, les esclaves et les femmes sont sans pouvoir dans la société athénienne ; dans *La République*, on explique leur absence de pouvoir par leur incapacité à s'élever au niveau de la connaissance rationnelle. Ainsi, Platon ne viendrait que justifier « rationnellement » la place réelle que jouent les différentes classes dans la société athénienne. Dans cette perspective, la Raison philosophique n'est rien d'autre que le reflet déformé d'une société : une idéologie* sociale.

- Des auteurs comme T. Adorno, M. Heidegger, J. Habermas, H. Marcuse et bien d'autres ont fait la critique d'une raison devenue par trop instrumentale* dans notre monde moderne et ont tous marqué leur déception devant l'échec du rôle émancipateur de la Raison.

5. Conclusion

C'est toute l'histoire de la philosophie qui est remise en question par cette critique de la raison. Déjà, Platon voyait dans le *logos** le moyen de purifier son âme ; à partir de Descartes, le pouvoir de la raison humaine prend la forme illimitée de la conquête scientifique de l'univers par l'homme. Raison rime alors de plus en plus avec pouvoir. Au siècle des Lumières, plusieurs philosophes voient dans le pouvoir de la raison humaine un puissant moyen de libérer l'humanité de tous ses maux. Depuis la Révolution française, cet espoir d'une société émancipée grâce à

Désincarné, ée (adj.)
Qui manque de lien avec la vie réelle.

Karl Marx
Théoricien du socialisme et révolutionnaire allemand (1818–1883).

Idéologie (n.f.)
Pour les marxistes, production qu'opère dans le monde des idées une classe sociale dominante et qui permet à cette classe de soutenir sa domination économique sur la classe dominée.

Theodor Adorno
Philosophe, sociologue et musicologue allemand (1903–1969).

Martin Heidegger
Philosophe allemand (1889–*id.*, 1976).

Jurgen Habermas
Sociologue et philosophe allemand (1929).

Herbert Marcuse
Philosophe américain d'origine allemande (1898–1979).

Instrumental, ale (adj.)
Qui sert d'instrument. Le mot est pris ici au sens d'« instrumentaliste », qui se dit d'une doctrine pragmatique suivant laquelle toute théorie est un outil, un instrument pour l'action.

Émancipateur, trice (adj.)
Qui provoque la libération intellectuelle ou morale par rapport à une autorité.

la conquête de la raison a été profondément déçu : la science, qui incarne cet idéal de connaissance rationnelle, n'a pas permis de créer la société juste et équitable à laquelle aspiraient les révolutionnaires du XVIIIe siècle et les communistes du XIXe siècle. Cet échec culmine avec l'extermination des Juifs pendant la Seconde Guerre mondiale : on se rappellera que Hitler a utilisé les ressources des sciences de son époque pour détruire le peuple juif au nom d'une « raison » historique aryenne particulièrement inquiétante. L'extermination « rationnelle » et scientifique des Juifs allait provoquer la naissance de courants philosophiques très critiques et très pessimistes quant à l'avenir de la rationalité occidentale. Mais faut-il en conclure que l'idéal de rationalité exposé par Platon est mort ? Ce serait certainement un jugement trop rapide. Si tel était le cas, comment pourrions-nous alors classer le discours de tous ces philosophes contemporains qui ont critiqué, le plus rationnellement du monde, la fin de la rationalité occidentale ? Il semble bien que nous soyons toujours tributaires du *logos* grec, même si notre histoire nous a fait vivre bien des déceptions quant à sa valeur émancipatrice. La profession de foi en la rationalité de Socrate, dans le *Criton*, n'a donc rien perdu de son actualité : « […] je suis de nature à ne me laisser persuader par rien d'autre que par la raison qui m'apparaît la mieux argumentée[21]. »

Lumières (n.f.)
Ensemble des facultés intellectuelles, des connaissances rationnelles. Le XVIIIe siècle français est appelé siècle des Lumières.

Révolution française
Ensemble des événements qui, de 1788–1789 au coup d'État du 18 brumaire (novembre 1799), bouleversèrent les structures sociales, politiques, juridiques et religieuses de la France.

Adolf Hitler
Homme d'État allemand (1889–1945).

Aryen, yenne
(n. et adj.)
Nom d'un peuple de l'Antiquité qui envahit le nord de l'Inde. Chez les théoriciens racistes, grand dolichocéphale blond issu de ce peuple, qui représentait l'élément pur et supérieur de la race blanche (sans fondement scientifique).

Tributaire (adj.)
Redevable à ; dépendant de.

AIDE-MÉMOIRE

Depuis Platon, la raison humaine est considérée comme un mode de connaissance supérieure. Mais avec l'époque contemporaine, la Raison est devenue l'objet de plusieurs réflexions critiques, comme celles de Freud, de Marx, de Nietzsche et de Heidegger.

21. *Criton*, 46 *b*.

ANNEXES

La Grèce antique.

Hachette Éducation

REPÈRES CHRONOLOGIQUES[1]

Histoire	Civilisation	
ÂGE DU BRONZE (SOMPTUEUX)		
v.~3000 : Début de l'âge du bronze. Essor des instruments aratoires et des armes. Les communautés se structurent à l'intérieur d'enceintes occupées au centre par un palais où règne un roi puissant. Civilisation de Cnossos (capitale de l'île de Crète) ou minoenne (du nom de Minos, roi-prêtre légendaire) : civilisation qui s'étend sur la mer Égée et la Méditerranée orientale.	• Civilisation minoenne : pacifique, gaie, où la femme joue un rôle important. *Cnossos suggère la magnificence, l'équilibre spirituel et l'opulence* [… la] *simplicité* [et] l'*humanité du monde étrusque*, [l'influence égyptienne, et] *la sagesse, le génie d'organisation communautaire de l'époque inca*[2].	
	• Systèmes d'écriture : les hiéroglyphes ; le linéaire A, utilisé à des fins administratives (scribes aux palais).	**~2040** : Moyen empire égyptien.
v.~2000 : Des tribus indo-européennes, les Achéens venus du nord, s'introduisent en Grèce. Leur langue est le grec. Ils se sédentarisent dans de petites communautés rurales et nouent des relations marchandes et diplomatiques avec les Crétois.	• Premiers palais crétois vers ~2000 (non fortifiés) : apparition liée à celle de monarchies despotiques ; les fresques témoignent d'un haut degré de civilisation. • Exportation de vases et de bijoux crétois vers la Grèce, dans les îles, en Asie et en Égypte. Importation de minéraux.	**~1900** : Les Hittites arrivent en Asie Mineure. • Hammurabi devient roi de Babylone.

1. Le symbole « ~ » placé devant une date indique que les événements sont survenus avant la naissance de Jésus-Christ, moment de référence. La mention « v. » signifie « vers ». Toute périodisation est toujours contestable et quelque peu arbitraire, et on ne peut procéder à la « résurrection intégrale du passé » (J. Michelet, 1798-1874) non plus que raconter les choses « tout à fait comme elles sont arrivées » (L. von Ranke, 1795-1886). Voir à ce propos Mathieu de Durand, *Précis d'histoire grecque*, Les Éditions du Cerf, 1991, p. 26. Outre cette source, et le recours aux dictionnaires et encyclopédies, le présent tableau s'inspire de Pierre Lévêque, *La naissance de la Grèce*, « Découvertes », Gallimard, 1990 ; Maurice Meuleau, *Les Grecs*, Hachette Éducation, 1994 ; Émile Bréhier, *Histoire de la philosophie, l/Antiquité et Moyen Âge*, « Quadrige », Presses universitaires de France, 1981 ; Jean-Paul Dumont, *Les Présocratiques*, Gallimard, coll. « La Pléiade », 1988.
2. Pierre Lévêque, *La naissance de la Grèce*, « Découvertes », Gallimard, 1990, note liminaire.

HISTOIRE	CIVILISATION	
v.~1600 : Développement de la puissante civilisation mycénienne guerrière et dure : le roi de Mycènes est le plus puissant des monarques qui occupent la Grèce méridionale, dont le Péloponnèse, l'Attique, la Béotie et la Thessalie. • Grands itinéraires achéens en Méditerranée et en mer Noire que les mythes grecs attribuent à des héros explorateurs, tels Héraclès et Jason. Marins et marchands, les Achéens s'aventurent en Sicile, en Italie du Sud, en Asie. Les pharaons échangent avec eux des objets de prestige. Les masques d'or des riches tombes royales à Mycènes témoignent de l'influence égyptienne.	• Les palais mycéniens sont monumentaux, fortifiés et sous l'influence de l'art décoratif crétois. • Comme en Crète, il y a des scribes qui assurent le pouvoir absolu. Leurs tablettes témoignent de monarchies tributaires : roi (*wanax*) divin, assisté par un conducteur du peuple et des dignitaires et officiers. Division du royaume en provinces regroupant des communautés rurales (avec chef : *basileus*). Exploitation de la terre commune répartie en unités (le *damo* ; ultérieurement le *démos*, « peuple ») entre les chefs de famille. • Destruction des premiers palais crétois (tremblements de terre ou raz-de-marée provoqués par l'éruption du mont Santorin) et reconstruction.	
v.~1480 : La force offensive des Mycéniens (Achéens) prend la maîtrise de la mer Égée (le monde des îles) et de la Crète. Ils s'implantent aussi sur la côte d'Anatolie (Milet, Colophon) et syro-phénicienne en bordure des grands empires d'Orient.	• À Cnossos, les Mycéniens réemploient les palais crétois et l'écriture, qu'ils adaptent, d'où le linéaire B. • Les tablettes témoignent de dieux semblables à ceux des cités ultérieures, de héros protecteurs après leur mort et de déesses qui sont force de vie. Zeus (indo-européen) et Héra (méditerranéenne) sont tumultueusement unis pour la vie dans le Panthéon.	• Premières traces d'établissement sur les collines de Rome. • Nouvel Empire égyptien. **~1364–~1347** : Règne du pharaon Akhénaton.
v.~1250 : Prise de Troie : cette guerre oppose les Grecs (la coalition des princes achéens sous Agamemnon) à un peuple installé en Asie.	• Extraordinaire richesse de Troie due à ses rapports avec l'intérieur de l'Anatolie (empire hittite) et les ports méditerranéens. Les Achéens la pillent.	• Règnes de David et de Salomon. Construction du temple de Jérusalem.

HISTOIRE	CIVILISATION
~XIIe – ~IXe s. : Les Âges obscurs (ou le Moyen Âge grec) **v.~1200** : Les Doriens (de *doru*, « chêne, hampe de lance, lance »), venus du Pinde, écrasent de leurs cavaliers aux glaives de fer les guerriers aux armes de bronze[3]. Ils envahissent les royaumes mycéniens et l'Empire hittite en Anatolie, détruisant tout de part et d'autre de la mer Égée. • De grandes migrations (sur deux à trois siècles) conduisent les Grecs sur les côtes d'Asie Mineure, dans l'archipel et les grandes îles de Lesbos, de Chios et Samos, et de Rhodes.	• Les palais s'écroulent, tant sur le continent qu'en Crète. Disparition de la civilisation mycénienne et du linéaire B : le grec ne s'écrira plus avant le ~VIIIe siècle. La Grèce entre dans le chaos et la barbarie. Pourtant, elle connaîtra l'innovation de la céramique dite « géométrique » en raison de sa décoration plus abstraite. De petites collectivités renaissent sur les ruines des palais et se structurent autour d'un *basileus* (un roi tribal), assisté par un conseil de chefs et une assemblée du peuple sans pouvoir de décision (préfiguration de la cité). Cette situation est celle de l'épopée homérique. Zeus s'impose comme dieu souverain. De nouvelles divinités originaires d'Asie s'imposent aussi : Aphrodite (de Chypre), et Apollon et sa mère Léto (d'Anatolie).

3. Des auteurs contestent l'hypothèse de l'invasion dorienne, pour la raison que les Doriens étaient déjà sur place et soumis aux Achéens qu'ils auraient renversés en profitant de leurs dissensions internes. La conquête est ainsi remplacée par une prépondérance acquise par degrés. Les Grecs de l'époque classique croyaient à la réalité de l'invasion. Matthieu de Durand, *op. cit.*, p. 44-46.

HISTOIRE	CIVILISATION	
~VIIIe – ~VIe s. : L'ÉPOQUE ARCHAÏQUE		**~1000 – ~750 :** Développement à Rome de villages sur le Palatin et dans la plaine, qui deviendra le *forum*.
v.~800 : Passage du royaume à la **cité** en Grèce et en Asie Mineure. Les **aristocrates** remplacent le roi. Le conseil et l'assemblée du peuple subsistent. La métallurgie procure de l'outillage et des armes, et favorise la démographie et les échanges. Les institutions se renforcent autour des aristocrates chefs de guerre.	• Céramique dite « orientalisante », car son ornement est emprunté à l'art d'Orient (animaux fantastiques, plantes exotiques…). **~776 :** Première célébration des Jeux olympiques[5]. L'**écriture** se répand (première liste des vainqueurs) à partir de l'alphabet consonantique des Phéniciens, accessible à tous. Une littérature écrite succède à la tradition orale. L'écriture facilite aussi le commerce.	
v.~750 : Début de la colonisation[4] grecque vers les côtes de Thrace ainsi qu'en Sicile et en Italie du Sud : Chalcis fonde la première colonie à Cumes en ~757 ; puis suivent plusieurs colonies, dont Syracuse en ~733 et Tarente en ~706 ; Paestum est fondée en ~700.	**v.~750 – ~700 : Homère** (rhapsode : « couseur ») compose ses épopées l'*Iliade* et l'*Odyssée*, racontant la guerre de Troie survenue en ~1250 et les exploits de ses héros. *Il a fait l'éducation de la Grèce*, dit Platon. On venait de tout lieu l'entendre réciter.	**~753 :** Fondation de Rome.
v.~730 : Début de l'armement hoplitique (casque, corselets en métal et en lin, bouclier, épieu-javelot à lancer, épée courte). Paysans et artisans pouvant acheter l'équipement, les nobles cessent d'être les seuls combattants de la cité et perdent ainsi leurs privilèges politiques. La tactique du combat en rangs serrés (phalanges) devient en usage vers ~650.	• **Hésiode** (paysan indépendant) compose *Les Travaux et les Jours* et une *Théogonie*, poèmes qui ordonnent le monde des dieux et des paysans dans le *cosmos*. Il voit l'effritement de l'ancienne société agraire et le despotisme des rois. Il dénonce leur avidité, l'injustice et la guerre, recommandant le labeur et la piété. Il délaisse les exploits héroïques. • Sparte est la capitale musicale de la Grèce. La musique se répand dans l'Asie grecque. **v.~700 :** L'homme devient le thème principal des peintres sur céramique.	**~717 :** Début de la période monarchique à Rome, sous Numa Pompilius.

4. Le terme grec pour colonie est *apoikia* : il suggère l'idée de transporter son domicile ailleurs ; le terme latin exprime la recherche de terres à cultiver. L'augmentation de la population explique le besoin de terres où vivre. En quelques cas, les buts étaient commerciaux, tel le comptoir de Naucratis. Les colonies gardent un lien plus affectif et religieux que politique avec la métropole.
5. En 391 de notre ère, un édit de Théodose interdit la divination et les Jeux olympiques.

HISTOIRE

~VIIe s. : Seconde vague de colonisation. Théra fonde Cyrène en Afrique (~631). Thasos et la côte de Thrace sont occupées. Mégare fonde Byzance en ~660, passage stratégique pour la mer Noire. Les villes d'Asie Mineure fondent des comptoirs commerciaux : les Phocéens s'établissent à Marseille (~600) ; Milet (la plus puissante cité grecque d'Asie Mineure) crée 90 colonies ou comptoirs autour de la mer Noire ou Pont-Euxin. Corinthe est la plus riche cité grecque sur le continent. Athènes acquiert sa suprématie navale et économique.

• Vie effroyable et endettement des métayers, donnant jusqu'aux cinq sixièmes de leurs récoltes aux nobles qui occupent les tribunaux et les charges publiques.

• Tensions, conflits et **crises** ensanglantent les cités grecques : les parties acceptent de s'en remettre à des législateurs qui rédigent des lois jusque-là orales et susceptibles d'interprétations arbitraires.

v.~620 : Lois sévères de **Dracon** pour la cité d'Athènes.

CIVILISATION

~VIIe s. : Le poète satirique Archiloque de Paros invente le vers iambique (v.~675). Apparition de la statue monumentale en ronde bosse (v.~650). Le poète Alcman à Sparte est un fondateur de la poésie chorale (v.~630).

fin ~VIIe – ~VIe s. : Les philosophes ioniens. **Thalès de Milet** (v.~640 – v.~562) : il aurait rapporté d'Égypte la géométrie et l'astronomie, et prédit une éclipse de soleil. L'eau est pour lui le principe de toutes choses. **Anaximandre** (v.~610 – v.~544) : l'un des premiers à dresser une carte géographique et le premier à construire un cadran solaire. Il fait pressentir le transformisme d'une matière infinie et éternelle. Ainsi l'homme viendrait des poissons. **Anaximène** (~550 – ~480) : l'air est le principe de toutes choses. Ces « savants » cherchent à expliquer la nature en dehors des mythes par l'observation des faits familiers (vents, pluies). Leur physique inclut l'idée d'un ordre naturel qu'équilibre un principe de justice (image sociale d'un ordre du monde : répandue en Orient) et non l'idée d'engendrement par relations entre dieux. La raison, les techniques et les cités se sont graduellement développées.

• Céramique attique à figures noires.

• Apogée de la poésie lyrique : Alcée et Sapho (elle tient une école de poésie) à Lesbos chantent l'amour, la mort, les haines dans la cité, la modération. Du lyrisme choral naît la tragédie, où les héros anciens font réfléchir le *démos* (peuple).

~668 – ~626 : Règne d'Assurbanipal en Assyrie.

~605 – ~562 : Règne de Nabuchodonosor à Babylone.

• Thalès est l'un des Sept Sages de la Grèce antique.

HISTOIRE	CIVILISATION	
	• L'usage de la **monnaie métallique** se répand en Grèce continentale (répondant d'abord aux besoins de l'État : solde des mercenaires, travaux publics, amendes). Elle remplace la monnaie primitive faite de broches de plus d'un mètre : l'*obole* (1 broche), la *drachme* (poignée de 6 broches), la *mine* (100 drachmes), le *talent* (60 mines).	
~VIe s. : Les **tyrans** organisent conquêtes, fêtes, grands travaux. Ils aident les pauvres, sur lesquels ils s'appuient contre la noblesse.	**~VIe s.** : Sparte se replie. Les citoyens ne sont plus que soldats (dès l'enfance). Ils dominent les périèques et les hilotes (dépendants soumis) qui les servent sur leurs terres (rituels de chasse meurtrière aux « esclaves »).	• Solon est l'un des Sept Sages de la Grèce antique.
• Réformes de Solon (~640 – ~558) (archonte) à Athènes en ~594 et ~593. Il réduit les pouvoirs des nobles et répartit les citoyens en quatre classes selon leur fortune. Il associe le *démos* aisé aux tribunaux et au pouvoir. Il annule les dettes des paysans.	• Organisation des grandes Panathénées et des Dionysies à Athènes : le **théâtre**, fête civique et religieuse, naît du culte de Dionysos. Vers ~536, Thepsis (fondateur de la tragédie) est le premier vainqueur du concours tragique d'Athènes.	**~586 – ~529** : Captivité des Juifs à Babylone.
• Pisistrate (~561 – ~527) est tyran d'Athènes avec le soutien du peuple. Il morcelle les grands domaines fonciers au profit des petits paysans et poursuit les réformes de Solon.	• Certains, dont Onomacrite, vivant auprès de Pisistrate, s'efforcent de faire revivre les anciennes cosmogonies, plus soucieux de frapper l'imagination que d'y mettre de l'ordre comme l'a fait Hésiode.	**v.~550** : Les Étrusques occupent la plaine du Pô. Rome tombe sous leur influence.
• Cyrus II le Grand (~560 – ~529), fondateur de l'**Empire perse**, renverse le roi des Mèdes (Asie), vainc Crésus, roi de Lydie (~560 – ~546), et prend Babylone. Il est maître de l'Asie occidentale et de l'Asie Mineure où il occupe les cités grecques (~546). Son fils Cambyse II lui succède (~529 – ~521).	• L'Ionie étant soumise par les Perses, le centre de la vie intellectuelle se déplace vers l'Italie du Sud, dont le dynamisme culturel lui vaut d'être appelée **Grande-Grèce**. Les sanctuaires religieux se multiplient. Les divinités de la vie sont vénérées sous forme de mystères.	

Histoire	Civilisation	
~521 : Darius Ier arrive au pouvoir en Perse (~521 – ~486). **~510** : L'un des conflits entre les cités grecques d'Occident (en Grande-Grèce) connaît son dénouement : Crotone détruit Sybaris et détourne une rivière sur ses ruines. **~508** : Réformes de Clisthène à Athènes : il supprime la tyrannie et institue la **démocratie** ; les citoyens sont répartis en cent dèmes, groupés en dix tribus ; ils participent aux décisions de la cité (*isègoria*, « droit égal à la parole »). La démocratie sera bientôt aux prises avec les attaques des Perses et les luttes entre les cités grecques au ~Ve siècle. L'ostracisme est institué, frappant d'exil les citoyens jugés dangereux pour la cité (on prend le vote en inscrivant le nom de l'accusé sur un tesson : *ostrakon*).	• Le **pythagorisme** se développe comme philosophie d'inspiration mystique ; Pythagore (v.~580 – ~500), mathématicien et philosophe, s'inspire de la physique des Milésiens (l'idée d'une pluralité de mondes rangés en ordre géométrique) ; on lui attribue l'invention du mot *philosophia* et la théorie selon laquelle *toutes les choses sont des nombres*, faites d'unités discontinues, sans doute à cause de ses découvertes mathématiques (la table de multiplication, le système décimal, le théorème du carré de l'hypoténuse). Du côté politique, l'ordre religieux des pythagoriciens, qu'il fonde à Crotone (Italie) vers ~530, s'empare du pouvoir dans cette cité, mais ses adeptes sont brûlés dans leur lieu de rencontre lors d'une révolte dirigée contre eux. Des pythagoriciens émigrent en Grèce continentale, notamment à Athènes. Ils pratiquent une morale ascétique. • Apogée de la céramique corinthienne (région de la cité de Corinthe) et début de la céramique attique à figures rouges sur fond noir (v.~530). • L'ordre dorique en architecture est généralisé ; les influences ioniennes apparaissent en Grèce continentale et dans les colonies occidentales.	**~525** : L'Égypte est occupée par les Perses. **~509** : Établissement de la République romaine.

HISTOIRE

~V^e^–~IVe S. : L'ÉPOQUE CLASSIQUE

~499 : **Révolte** des cités grecques d'Asie (Ionie) contre les Perses ; Athènes et Erétrie les appuient ; elles incendient Sardes (chef-lieu de l'administration perse). En représailles, les Perses détruisent Milet (~494), marquant la fin de la révolte ionienne. La Thrace et la Macédoine conquises (~492), les Perses anéantissent Érétrie.

~490 : **Les guerres Médiques.** Les Perses de Darius déclenchent une offensive contre la Grèce continentale : c'est la **première guerre Médique**. Victoire des Grecs à Marathon (sous les ordres de Miltiade). La flotte perse se retire en Asie ; salvatrice de la Grèce, Athènes devient la grande puissance de l'Hellade. *Souviens-toi des Athéniens*, se fait dire quotidiennement Darius par son majordome.

~486–~465 : Xerxès succède à son père Darius.

~483 : **Thémistocle**, archonte à Athènes, fortifie le port du Pirée et développe la flotte athénienne grâce aux mines du Laurion. Il a d'abord fait voter l'exil (l'ostracisme) d'Aristide, opposant aristocratique.

~481 : Sous la direction de Sparte, les États grecs élaborent un plan de résistance contre les Perses.

CIVILISATION

v.~500 : Le philosophe Héraclite, dit l'Obscur (~576–~480), de l'**École ionienne**, enseigne à Éphèse, seule ville d'Asie Mineure qui ne s'est pas soulevée contre Darius, qui a sévèrement réprimé la révolte. Héraclite enseigne l'idée d'un monde autonome face aux dieux ou aux hommes. Ses thèmes sont : 1) le conflit est le père de toutes choses et l'harmonie des contraires est maintenue par la Justice ; 2) la sagesse est de voir le principe unique qui compose toutes choses, soit le feu « toujours vivant » ; 3) le perpétuel écoulement fait dire : *Tu ne peux descendre deux fois dans le même fleuve* ; 4) l'inversion des contrastes fait du sage un singe vis-à-vis de Dieu et de la paille l'or des ânes. La médecine qui applique sa cosmologie voit la santé comme étant l'harmonie des forces opposées.

• Le philosophe Xénophane de Colophon (~570–~480) fonde l'**École d'Élée** (en Italie où il est un Ionien exilé). Il enseigne que la raison dans la « science » et l'expérience est incompatible avec les mythes : les dieux d'Homère et d'Hésiode sont des inventions humaines ; les bœufs les dessineraient à leur image ; mais il joint l'idée d'un dieu unique, sorte de divinisation de la nature, qui gouverne par l'intelligence de sa pensée.

• Les Perses conquièrent l'Inde.

• De grandes religions se développent : **Zoroastre** (Zarathoustra : v.~660–v.~580), en Perse, répand la croyance en un jugement dernier et celle de la lutte universelle entre le bien et le mal ; **Lao-tseu** (v.~570–v.~490), en Chine, réagissant aux guerres féodales, enseigne que l'homme assure son salut en renonçant à la société et en se retirant dans la solitude pour adhérer à la contemplation ; **Confucius** (~551–~479), en Chine, prêche la fidélité à la tradition nationale et familiale ; **Bouddha** (v.~536–v.~480, ou ~480–~400 selon des historiens) (*le Sage, l'Éveillé*), en Inde, enseigne que vivre est souffrir et que la souffrance est due aux passions ; le renoncement à soi, la compassion envers les êtres et l'atteinte du nirvana permettent de s'affranchir de la souffrance.

HISTOIRE	CIVILISATION
	• Parménide (v.~540 – v.~450) jouit d'un grand rayonnement à Élée vers ~475. Il donne des lois à cette cité. Au monde ionien tourbillonnant, mouvant, sensible, il oppose un univers sphérique (géométrique et rationnel), stable, parfait, limité, incréé ; l'ordre divin garantit l'immobilité. Sa cosmologie réintroduit des mythes théogoniques comme ceux d'Hésiode. • Zénon d'Élée (~485 – ~420) est un disciple de Parménide. Il explique que l'univers est un, continu et permanent ; ses paradoxes font du mouvement une fiction. • Ces Éléates feront face aux « nouveaux physiciens » : Anaxagore de Clazomènes (~500 – ~428) en Ionie, Empédocle d'Agrigente (~494 – v.~444) en Sicile, Démocrite d'Abdère (~460 – ~370) en Thrace.
~480 : Deuxième guerre Médique. Xerxès (roi des Perses) envahit la Grèce ; Léonidas et ses 300 hoplites spartiates se sacrifient aux Thermopyles, assurant la retraite de l'armée grecque ; Athènes, désertée, est ravagée par les Perses ; la stratégie de Thémistocle de combattre sur mer donne la victoire aux Grecs confédérés à Salamine ; la flotte perse est anéantie ; Xerxès regagne l'Asie ; ses troupes sont défaites sur terre à Platées (~479). Athènes crée en ~477 la Ligue défensive de Délos, fédérant les cités grecques d'Asie et de l'Archipel contre le danger perse. Les Perses sont poursuivis et chassés de la mer Égée, et les cités grecques d'Asie sont libérées de leur tutelle (~468). Ces victoires concourent à la gloire d'Athènes, « école de la Grèce ».	• Le poète lyrique Simonide de Céos (v.~556 – v.~467) est un créateur de l'ode triomphale. • Eschyle (~525 – ~456), dans ses tragédies, remet en question les rapports hommes-dieux et met en scène les dangers de la démesure humaine ; il affirme la primauté du droit sur la vengeance, de la justice sur la loi, de l'esprit sur la force, et rejette la culpabilité collective. En ~484, il remporte une première victoire au concours de tragédie d'Athènes. Il présente *Les Perses* en ~472 et *Les Sept contre Thèbes* en ~467. Il participe aux batailles de Salamine et de Marathon. Il est né noble.

HISTOIRE	CIVILISATION
• Prestige de Syracuse qui défend les Grecs de Grande-Grèce (Sicile, Italie) contre l'invasion des Carthaginois et des Étrusques (batailles d'Himère en ~480 et de Cumes en ~474).	• Sophocle (~495 – ~406) l'emporte sur Eschyle au concours de tragédie en ~468. Ses tragédies posent le problème de la responsabilité individuelle et ne reconnaissent pas aux dieux la prépondérance comme le fait Eschyle. Les mobiles psychologiques et non la fatalité déterminent le destin. On lui doit *Antigone, Œdipe roi, Œdipe à Colone*. Il prend part à des expéditions militaires. Il entretient des liens avec Périclès, Phidias, Hérodote. • Construction du temple de Zeus à Olympie (v. ~468 – ~456).
~470 ou ~469 : Naissance de Socrate à Athènes de mère sage-femme et de père sculpteur.	
Socrate dit avoir hérité de sa mère l'art d'accoucher, non des corps, mais des esprits (la maïeutique). Il suit les enseignements d'Anaxagore et des sophistes. Il discute dans les rues, aux gymnases et dans les banquets, toujours affublé du même manteau et pieds nus. Il contraste ainsi avec les sophistes richement vêtus. Citoyen d'une laideur légendaire, sans histoire et sans reproche, il participe comme hoplite aux guerres et obéit aux lois. Anytos, Mélétos et Lykon l'accusent de corrompre la jeunesse et d'introduire de nouveaux dieux dans la cité. Condamné, il meurt en buvant la ciguë, refusant de s'enfuir par respect des lois.	Apollon aurait assigné pour tâche à Socrate de vivre en philosophant, soit en s'analysant lui-même et en analysant les autres. Son enseignement met à l'épreuve les propos qui lui sont tenus. Il oblige ainsi l'interlocuteur à quitter sa fausse tranquillité. Sa sagesse est de reconnaître qu'il ne sait rien et que l'on peut atteindre le bien par un cheminement intérieur guidé par la raison. ***Nul ne fait le mal volontairement.*** ***Connais-toi toi-même.*** ***Tout ce que je sais, c'est que je ne sais rien.***
~464 : Révolte des hilotes (dépendants) à Sparte. **~463** : Réforme démocratique d'Éphialte à Athènes, assassiné la même année par des aristocrates.	**mi ~Ve s.** : « Nouvelle physique » : il n'y a ni naissance ni transformation ; rien ne vient de rien ; il n'y a que des combinaisons de particules spécifiques.

HISTOIRE	CIVILISATION
~462 – ~429 : Périclès poursuit la réforme d'Éphialte : le Conseil des Cinq-Cents dirige avec l'Assemblée du peuple ; la plupart des fonctions publiques sont rémunérées : c'est la *misthophorie* (le *misthos*), qui permet aux pauvres de remplir leur charge ; politique de grands travaux, de plein emploi et d'embellissement de la ville. **~460** : Construction des longs murs d'Athènes. Politique d'expansion athénienne (Athènes voudrait imposer son système monétaire). **~459** : Athènes contraint Mégare à se détacher de Sparte. Rivalité croissante entre Athènes et Sparte. **v.~450** : La Ligue de Délos, dirigée par Athènes, instituée avec la contribution volontaire des alliés, s'est transformée en empire athénien contraignant pour les alliés devenus sujets (obligés de payer un tribut[6] en argent ou de fournir des navires). Le trésor confédéral a été déplacé de Délos à Athènes qui y puise pour l'entretien de sa flotte et l'édification du Parthénon. Athènes confisque des terres aux cités alliées pour y installer ses colons-soldats. Des grandes cités du Péloponnèse (Sparte, Mégare, Égine) se tendent contre la sujétion. Des conflits éclatent (défaite d'Athènes à Céronée en ~447) jusqu'au traité de *Paix de Trente Ans* entre Athènes et Sparte en ~446. Athènes reste maîtresse de la mer Égée jusqu'en ~431 : elle fonde Amphipolis (~436), empêche Byzance de quitter la Confédération et soutient des cités libres.	**~462** : Le philosophe Anaxagore (~500 – ~428), de l'école ionienne, vit à Athènes. « Physicien », il enseigne que la matière est faite de particules similaires, que le Soleil est une pierre incandescente et la Lune une terre ; mais il introduit dans la philosophie l'idée d'un principe ordonnateur de l'univers, le *Noûs*, l'intelligence de la nature. Biologiste, il aurait pratiqué des dissections. Il est conseiller de Périclès et Socrate aurait suivi ses leçons. • Empédocle (v.~494 – v.~435) d'Agrigente enseigne que les éléments ou racines des choses sont l'air, la terre, le feu, l'eau (emprunt ionien) ; aucun n'est premier ni ne vient l'un de l'autre ; ils sont éternels ; le cours du monde (le Tout, emprunt éléatique) vient de leur réunion ou dissociation selon les puissances de l'Amitié ou de la Haine se cédant alternativement la prépondérance (emprunt héraclitéen). Démocrate, il est exilé de sa cité, Agrigente, par des tyrans. • Hérodote d'Halicarnasse (~484 – ~425), père de l'*Histoire* comme discipline (Cicéron), explique les guerres Médiques dans ses *Histoires* (enquêtes). • Eschyle présente *Orestie* (~458). • Euripide (~480 – ~406) produit ses premières tragédies en ~455 ; il peint les passions et marque le caractère humain, provisoire et conventionnel des règles de la justice. On lui doit *Alceste, Hyppolyte, Andromaque*. • Construction du **Parthénon** à Athènes sous la responsabilité du sculpteur Phidias (~458 – ~447). Le sculpteur Myron (~480 – ~445) y travaille. Achèvement du temple de Zeus à Olympie (v.~456).

6. Le mot *tribut* signifie « ce que doit payer une cité vaincue au vainqueur ».

HISTOIRE	CIVILISATION	
	• Les **sophistes** sont des maîtres de sagesse (*sophia*) et de rhétorique qui se font payer pour enseigner aux jeunes gens riches d'Athènes l'art de la parole (rhétorique) et du raisonnement (dialectique), si utile à l'exercice du pouvoir. La vie intellectuelle prend la forme d'une plaidoirie et d'un concours devant un public juge. L'érudition et l'éloquence sont primées. La loi humaine, conventionnelle et relative, s'oppose à la loi naturelle.	
~449 : Paix de Callias entre Athènes et le grand roi des Perses ; elle proclame la liberté des Grecs d'Asie.	• Le poète Pindare écrit une dernière ode (~446). Sophocle fait interpréter *Antigone* (~441). **~438** : *Athéna Parthénos* (œuvre de Phidias). **~437** : Construction des Propylées (entrée monumentale de l'Acropole).	• **~450** : Loi des Douze Tables : Rome dispose de lois écrites largement inspirées de celles du Grec Solon.
~431 – ~404 : Guerre du Péloponnèse. Inquiétée par les ambitions d'Athènes en Grande-Grèce, Corinthe (de la ligue péloponnésienne) demande à Sparte de lui déclarer la guerre. Les Lacédémoniens (sous Sparte) ravagent l'Attique. En ~429, la population d'Athènes, réfugiée à l'intérieur des murs, est décimée par la peste. Périclès meurt ; Cléon le remplace.	**~432** : Exil d'**Anaxagore**, accusé d'impiété. Phidias achève son œuvre avec les frises du Parthénon. En ~432, Euripide présente la tragédie *Médée*.	
• **Socrate** participe comme **hoplite** à la victoire de Potidée (~432 – ~430), où il sauve la vie d'Alcibiade, et aux défaites de Délion (~424) et d'Amphipolis (~422). Avec la paix de Nicias (Athénien modéré) en ~421, il y a trêve entre Athènes et Sparte, mais hostilité par cités interposées.	**v.~430** : Début de la **mission de Socrate.** En réaction à l'oracle de Delphes le déclarant le plus sage, il fait sienne l'inscription du fronton du temple : *Connais-toi toi-même* (devise attribuée à l'un des Sept Sages de la Grèce) et il entreprend de vérifier qui, des gens renommés sages, l'est en effet.	
	• Naissance de **Xénophon**. **~428** : Naissance de **Platon.** Premières comédies d'**Aristophane** (~450 – ~386). Sophocle présente la tragédie *Œdipe roi*.	

HISTOIRE	CIVILISATION
	~427 : Le sophiste Gorgias (~487 – ~380) vient convaincre Athènes de protéger sa cité en Sicile contre les ambitions de Syracuse. Il s'établit à Athènes où il enseigne la rhétorique. Périclès et Thucydide auraient été au nombre de ses auditeurs. Il met en question la notion d'être de Parménide.
~421 : Alcibiade (neveu de Périclès) vient au pouvoir comme chef du parti démocratique. Athènes reprend les hostilités en ~419. Elle est défaite à Mantinée en ~418, aidant en sous-main la coalition thébaine centrée autour d'Argos. En ~417, elle massacre et réduit en esclavage les habitants de l'île de Milos, qui refusent de faire partie de la confédération. En ~415, des cités siciliennes lui demandant son aide, Alcibiade lance une attaque désastreuse contre Syracuse : la flotte athénienne est anéantie et les troupes sont massacrées ou réduites en esclavage en ~413. Accusé de sacrilèges à Athènes (parodie des mystères et mutilation des statues d'Hermès présentes aux carrefours), Alcibiade se réfugie à Sparte. Il conseille les dirigeants de la ville dans l'aide à apporter aux Syracusains, soulève Chios et Milet et ménage aux Spartiates des contacts avec la Perse. Sparte reprend la guerre. La résistance d'Athènes sera aidée par le retour en grâce d'Alcibiade, de ~411 à ~407, qui sera par la suite exilé conséquemment à une défaite (à Notion).	**~423** : Aristophane présente *Les Nuées* : il s'y moque de Socrate qu'il assimile aux sophistes. Dans *Les Grenouilles*, qu'il fait jouer en ~405, il dépeint l'embarras des Athéniens devant le personnage d'Alcibiade : *Le premier point, c'est de ne pas élever un lionceau dans une cité ; mais si on l'a élevé jusqu'au bout, il faut bien lui passer ses humeurs.* • Thucydide (~460 – ~395), historien, analyse la guerre du Péloponnèse ; il est désigné comme général par les Athéniens en ~424. • Hippocrate de Cos (v.~460 – ~380) fait de la médecine une discipline méthodique : *Je pense que l'épilepsie, appelée aussi maladie sacrée, n'a rien de plus divin et n'est pas plus sacrée que les autres.* • Démocrite d'Abdère (v.~460 – ~370) fonde une école à Athènes. Il collectionne maintes observations zoologiques et botaniques. Il interprète le monde comme étant composé d'atomes qui se combinent dans le vide et dont les propriétés de grandeur, de forme et de mouvement ne doivent pas être confondues avec les dimensions subjectives, telles la couleur et l'odeur. Les dieux eux-mêmes sont des combinaisons d'atomes. En morale, il prône une vie sans drame et l'atteinte du bonheur par la modération des désirs. **v.~415** : Représentation des *Troyennes* d'Euripide.

• Syracuse paraît un temps la première cité grecque. Son tyran, Denys (~405), ami des lettres, chasse les Carthaginois de Sicile.

Histoire	Civilisation
~411 : À la suite de complots aristocratiques, Athènes est dirigée par une oligarchie (gouvernement du petit nombre). D'abord sous le régime réactionnaire des Quatre-Cents (un Conseil réduit à 400 notables), puis sous celui plus modéré des Cinq-Mille (le corps des citoyens ne compte plus que 5000 personnes), où Théramène (dit « la pantoufle », car il s'adapte à tout) passe au premier plan. Il soutient toutes les formes de gouvernement tant qu'elles ne font rien contre la loi. Les tensions civiles internes à Athènes menacent la constitution.	• Aristophane présente *Les Oiseaux* (~414). Euripide fait jouer *Électre* (~413). Aristophane présente *Lysistrata* (~411). **~411** : **Procès d'impiété** contre Protagoras, sophiste grec (~485 – ~411) sensualiste et relativiste, et mort de celui-ci. Il avait dit : *L'homme est la mesure de toutes choses.* *Quant aux dieux, je ne puis savoir ni qu'ils sont, ni qu'ils ne sont pas.* **~409 – ~406** : Achèvement de l'Érechthéion (les caryatides) sur l'Acropole. **~408 – ~399** : Platon, d'origine aristocratique, **suit les enseignements de Socrate**, comme les jeunes gens riches d'Athènes.
~406 : Athènes remporte une ultime victoire aux îles Arginuses. Les vainqueurs, dont le fils de Périclès, sont condamnés à mort au retour pour ne pas avoir secouru les équipages naufragés durant le combat. Le jour de leur procès, Socrate est épistate des prytanes : il préside donc l'Assemblée ; il s'oppose vainement à ce qu'on juge en bloc les accusés, car cette procédure est contraire à la loi. L'Assemblée lui rappelle, non sans menaces et regrets subséquents, la souveraineté sans restriction du peuple.	
~405 : Le Spartiate Lysandre détruit la flotte athénienne à Aigos-Potamos, en Thrace. Il a reçu d'importants subsides de la Perse pour construire sa flotte de guerre et payer des rameurs.	~405 : Aristophane fait jouer *Les Grenouilles*.
~404 : Athènes assiégée fait reddition à Sparte. Lysandre l'oblige à raser ses murs et établit la tyrannie sanglante des **Trente Tyrans**. Sparte, jusqu'en ~378, domine la Grèce et impose l'oligarchie dans différentes cités. Elle est périodiquement en guerre contre elles et contre la Perse (où Alcibiade est assassiné).	

HISTOIRE	CIVILISATION	
~403 : Thrasybule, aidé d'Anytos (accusateur de Socrate), rétablit la démocratie à Athènes (pouvoir accru à l'Assemblée). Apaisement des luttes civiles.		
~IVe s. : **Les alliances et les rapports de pouvoir changent** entre les cités.	**~IVe s.** : Siècle de désordre économique, social et moral : sanctuaires pillés pour la première fois dans l'histoire des Grecs ; crise des consciences ; le sens civique se dégrade.	
~401 – ~399 : Des mercenaires grecs, aux ordres de Cyrus révolté contre son frère, pénètrent jusqu'au cœur de l'empire perse. Cyrus est tué.	**~401** : Représentation de la tragédie de Sophocle, *Œdipe à Colone*.	
	~399 : Procès et mort de Socrate.	
~395 : Athènes reconstruit les longs murs et se joint à Thèbes, à Corinthe et à Argos pour se libérer de la tutelle spartiate. **~386** : Sparte impose aux cités grecques la « paix du Roi » de Perse. Elle lui cède les villes grecques d'Ionie en échange de son appui à son hégémonie en Grèce continentale. **~382** : Les Spartiates prennent la citadelle de Thèbes. Ils en sont chassés en ~379 et ~378. Une alliance est conclue. **~378** : Nouvelle confédération (sous Athènes) de cités inquiètes des Perses et tracassées par Sparte. **~371** : Les Thébains d'Épaminondas battent les « invincibles » Spartiates à Leuctres. Ils mettent fin à l'hégémonie spartiate et commencent leur suprématie.	• Lysias (~440 – ~380), un logographe, laisse des modèles de discours judiciaires. Socrate a refusé de recourir à ses discours pour plaider sa cause. • **Isocrate** (~436 – ~338) est demeuré le modèle des orateurs dans l'Antiquité gréco-romaine. **~387** : Platon crée l'Académie (dans les jardins d'Académos, près d'Athènes), où il enseigne et compose ses dialogues. Jusqu'en ~361, il se rend à trois reprises auprès des tyrans de Syracuse, Denys l'Ancien et son fils Denys le Jeune, tentant de mettre à profit sa conception politique de la république. Il sera menacé par les intrigues politiques. **~384** : Naissance d'**Aristote** (~384 – ~322). **v.~380** : Isocrate, un logographe, invite les Grecs à l'unité dans son *Panégyrique*.	**~390** : Prise de Rome par les Gaulois (histoire des oies du Capitole).

HISTOIRE	CIVILISATION
~362 : Victoire d'Épaminondas sur les Spartiates à Mantinée. Sa mort met fin à l'hégémonie de Thèbes. **v.~360** : L'**empire macédonien** marque la fin de la prépondérance politique des cités. **~359 – ~356** : **Philippe II** de Macédoine annexe progressivement la Grèce ravagée par les guerres. **~351** : **Démosthène** (~384 – ~322), le plus grand des orateurs politiques, du parti patriotique, exhorte les Athéniens à résister à Philippe II. **~338** : Athènes et ses alliés (dont les Thébains) sont vaincus à Chéronée, en Béotie, par Philippe II. **~337** : Les cités grecques, à l'exception de Sparte, sont contraintes à la nouvelle ligue de Corinthe, dirigée par Philippe II, qui déclare la guerre aux Perses. **~336** : **Alexandre le Grand** (20 ans) succède à son père, Philippe II, assassiné (Démosthène l'appelle *le petit jeune homme*). **~335** : Alexandre le Grand détruit Thèbes, soumet la Grèce et commence la conquête de l'Empire perse. **~333** : Après avoir vaincu Darius III à Issos, Alexandre conquiert la Syrie, puis l'Égypte. **~331** : Victoire de Gaugamèles. Alexandre est proclamé roi d'Asie. Il s'empare de Babylone. **~323** : De retour à Babylone, Alexandre meurt d'une fièvre à 33 ans.	**v.~364** : Praxitèle sculpte une célèbre statue de la déesse Aphrodite. **v.~355** : Mort de Xénophon. Dans les *Mémorables* et l'*Apologie de Socrate*, il nous présente Socrate comme un citoyen honnête et pieux. **~348** : Mort de **Platon**. Ses dialogues *Apologie de Socrate*, *Criton*, *Phédon*, *Le Banquet*, *Théétète* font de Socrate un philosophe habile à éveiller les esprits à la réflexion par le dialogue et le questionnement. **~343** : Aristote devient le précepteur d'Alexandre de Macédoine (Stagire, la cité d'Aristote, avait été prise en ~350 par Philippe II). **~335** : Aristote fonde une école à Athènes, le *Lycée*. • **Diogène** le Cynique (~413 – ~327) est connu pour son rejet des convenances et des richesses : il va pieds nus, porte un unique manteau et vit dans un tonneau. Il aurait jeté son écuelle en voyant un enfant boire dans ses mains : *Cet enfant m'apprend que je conserve encore du superflu.* Il aurait répondu à Alexandre, qui lui demandait à Corinthe ce qu'il désirait : *Que tu t'ôtes de mon soleil.* **~330** : Des statues d'Eschyle, d'Euripide et de Sophocle sont élevées dans le nouveau théâtre de Dionysos à Athènes. • Avec la mort d'Alexandre commence la **période hellénistique** marquée par la diffusion de la civilisation grecque. **Athènes** demeure la **capitale intellectuelle** du monde grec, mais le pôle économique se déplace vers l'Orient.

HISTOIRE	CIVILISATION
• Au ~IVe siècle, Athènes perd progressivement le sens civique qui faisait sa gloire. Gustave Glotz dit de ce siècle que l'équilibre entre la puissance publique et les droits des individus s'est rompu à la faveur de la recherche des avantages personnels et égoïstes. La puissance de l'argent qui achète tout est devenue la mesure des valeurs sociales. L'embellissement de la cité a été délaissé pour des investissements privés, notamment dans des résidences luxueuses. Le bien public a été déserté pour les gains privés. La politique elle-même est devenue une affaire. *La richesse et les riches étant à l'honneur, la vertu et les gens de bien sont voués au mépris*, et *personne ne s'enrichit vite s'il reste juste*[7].	**v.~312** : Zénon de Citium (v.~335–v.~264) vient à Athènes où il fonde l'école du Portique (*stoa*), ou **stoïcisme** : *Supporte et abstiens-toi*, proclame la doctrine selon laquelle il faut accepter les épreuves sans se laisser affecter et placer le bonheur dans la pratique de la vertu devenue en elle-même le bien. Rien n'échappe au *logos*, soit la raison qui doit dicter la conduite humaine et pénétrer, à l'aide des sens, la compréhension de l'univers, architecture divine. La dignité humaine résulte de l'âme conçue comme pure raison. **~306** : Épicure (~341 – ~270) fonde l'école du Jardin à Athènes. Il conçoit que c'est par les sensations que nous connaissons : la vue d'ensemble fait voir le détail. Il élabore une cosmologie (emprunt ionien) atomiste, matérialiste, mécaniste : le cosmos est une combinaison réussie après mille essais infructueux. Il prône comme principe de morale la recherche du plaisir, qui est atteint par l'*ataraxie*, soit l'absence de trouble, la paix intérieure, le détachement : la pensée réfléchie calme et supprime les désirs et les craintes, dont celle de la mort, sources de douleur. • La comédie nouvelle avec **Ménandre** (~340 – ~292) met en scène l'argent, les intrigues, la galanterie.

7. Gustave Glotz, *La cité grecque*, Paris, Éd. Albin Michel, 1968, p. 320. Glotz cite Platon, Ménandre et Aristophane.

HISTOIRE	CIVILISATION
~IIIe S. : UNE CIVILISATION NOUVELLE **~282 – ~272** : Guerre de **Rome** contre Tarente et Épire : Rome contrôle le centre et le sud de l'Italie. **~280** : Après 40 années de guerre entre les diadoques (généraux d'Alexandre), l'empire est partagé en royaumes : la Syrie va à Séleucos, l'Égypte à Ptolémée, la Macédoine à Cassandre. **~264** : Début des guerres Puniques (menées par Rome contre Carthage). **~241** : Le gouverneur de Pergame (Asie Mineure) se déclare indépendant : il fonde le royaume de Pergame. **~212** : Les Romains prennent Syracuse et mettent fin à l'indépendance des Grecs de Sicile. **~211** : Antiochos III, roi de Syrie, entreprend une longue campagne à travers l'Iran et parvient jusqu'à l'Indus, tentant de rétablir une partie de l'empire d'Alexandre (il perd ses conquêtes aux mains des Romains en ~188). **~146** : La **Grèce** devient une **province romaine** (après la Macédoine en ~147). **~130** : Pergame est déclarée province romaine. La Syrie est soumise à Rome.	• La vie est celle des grandes métropoles, aux longues avenues, aux monuments d'utilité publique, avec réseaux d'aqueducs pour les fontaines. Les villes neuves d'**Alexandrie** en Égypte, de **Pergame** en Asie Mineure, d'Antioche et de Séleucie du Tigre en Syrie deviennent des foyers économiques et culturels. Des temples, des statues et des autels sont érigés en l'honneur des rois de ces États protégés des dieux (**grandes monarchies**). • Ptolémée (~367 – ~283) fonde le musée d'Alexandrie. Sa bibliothèque royale (~290) contient jusqu'à 700 000 volumes (*volvere* : « enrouler ») écrits à la main sur des rouleaux de papyrus. La bibliothèque de Pergame aura 300 000 volumes en parchemin (*pergaménè* : « peau de Pergame ») écrits sur de la peau tannée. Les œuvres des penseurs grecs sont recopiées. • Archimède et Euclide font progresser les mathématiques, et Eratosthène la géographie. Aristarque et Hipparque développent l'astronomie, Hérophile et Arasistrate la médecine. • La diffusion de l'**hellénisme** est favorisée par le **gymnase** (institution publique qui offre une éducation physique et intellectuelle). S'impose une langue grecque internationale qui sera la langue des commerçants et des intellectuels, et celle de l'administration de l'Empire romain dans les provinces orientales. C'est dans cette langue commune que seront rédigés les Évangiles et que prêcheront les apôtres.

EXPLICATION DES EXERCICES D'ANALYSE

On trouve expliqués ci-après les exercices attendus des étudiantes et des étudiants. Les numéros accompagnant chacun d'eux réfèrent aux paragraphes du Criton *où ils sont demandés. Le glossaire peut s'avérer un complément utile.*

Analogie

L'analogie est un procédé selon lequel on se sert de vérités établies à propos d'un cas connu pour conclure une vérité semblable à propos du cas à prouver. Le raisonnement analogique rigoureux suppose la présence de quatre termes qui se comparent deux à deux. (42 à 62.)

Voir aussi *comparaison*.

Argument

Un argument est un raisonnement qui fonde ou conteste une opinion, une thèse, une conclusion. Dans une discussion, les arguments se répondent et se contredisent jusqu'à ce que les interlocuteurs se soient mis d'accord ou jusqu'à ce qu'ils mettent fin à la discussion. Pour être de qualité, une discussion doit être rigoureuse ; cela signifie qu'il doit y avoir un lien logique entre les raisonnements et qu'ils doivent être en rapport direct avec la thèse soutenue ou contestée. L'ensemble des arguments visant à défendre une thèse est une argumentation. (11, 26, 29, 33, 34, 90, 93 et 103 à 106.)

Comparaison

La comparaison consiste à rapprocher deux ou plusieurs objets de pensée pour en chercher les différences ou les ressemblances. Elle établit un rapport entre un objet et un autre terme dans le langage. (42 à 52.)

Voir aussi *analogie*.

Concept

Le concept est la représentation mentale qui nous permet de penser. Il se définit par sa compréhension (le contenu, ce qui le caractérise) et son extension (ce à quoi il s'applique). Il faut définir le terme selon ce qu'il signifie dans le contexte où il intervient. Le concept clé est le concept le plus important qui sert de base à la compréhension du sens du texte. (52, 66, 68 et 70.)

Conclusion

La conclusion est le résultat du processus mental qu'est le raisonnement ; elle est ce à quoi l'argumentation ou la démonstration conduit de façon nécessaire ou probable. (72 à 76.)

Définition

La définition précise le sens qu'il faut accorder à un mot en énumérant le plus grand nombre possible de ses attributs. Le sens d'un mot peut varier selon son contexte d'utilisation. (52, 66, 90 et 108.)

Fonction

La fonction d'un paragraphe est sa relation avec les autres paragraphes du texte ; déterminer la fonction du paragraphe, c'est déterminer son rôle dans l'ensemble du texte. (38, 40, 78, 84, 86, 88, 100 et 102.)

Formuler

Formuler signifie rédiger dans une certaine forme. Il s'agit d'écrire (réécrire) le texte d'origine en en conservant le sens et chaque idée, mais en employant des mots, des tournures de phrases et une ponctuation différents. La réponse suggérée à la page 164, paragraphe 32, est un exemple qui pourra être enrichi de formulations des traductions différentes du *Criton*. (32, 35, 64, 68, 93 et 94.)

Idée principale

L'idée principale synthétise l'essentiel du contenu d'un texte. Trouver l'idée principale consiste à énoncer la thèse qui est défendue ou exposée dans le texte. Elle se résume en une phrase. (1, 10, 14 à 21 et 68.)

Objection

Une objection est une proposition ou un jugement que l'on oppose à un argument. (12, 27, 30 à 32, 62 et 91.)

Organisateur textuel logique

Un organisateur textuel logique est un mot ou un groupe de mots qui annonce une transition ou indique un lien logique entre des parties d'un texte. (13, 44, 46 et 58.)

Le tableau ci-dessous présente les principaux organisateurs logiques ; il n'est pas complet et l'énumération de leur utilité logique n'est pas exhaustive.

ORGANISATEURS LOGIQUES	RÔLE ARGUMENTATIF
ou, *ou … ou,* *ou bien … ou bien*	*Unissent des phrases exprimant des idées qui doivent être distinguées de manière exclusive ou non. Ces phrases peuvent servir d'arguments.*
si	*Introduit une phrase qui sert de condition à une conséquence (argument conditionnel).*
et	*Marque la conjonction de deux phrases qui convergent vers la même conclusion. Ou encore, exprime une addition d'information.*
donc, *il s'ensuit que*	*Annoncent une conclusion.*
mais	*Annonce une idée contraire, une objection ou une restriction, ou encore une coordination ou une transition.*
à moins que	*Annonce une condition en dehors de laquelle une chose n'est pas possible.*
au contraire	*Annonce une phrase opposée à la précédente.*
en effet	*Annonce un argument, une explication ou confirme une affirmation.*
alors	*Annonce une conséquence ou une conclusion. Ne pas confondre avec* alors que, *qui introduit une opposition, une concession ou la simultanéité.*
de sorte que *par conséquent,* *voilà pourquoi*	*Annoncent une conséquence ou une conclusion.*
car	*Annonce un argument, une preuve, une cause.*
ainsi	*Annonce une conséquence, une comparaison ou marque la coordination.*

Pour une étude plus complète des marqueurs de relation, il est utile de se référer à une bonne grammaire.

Principe

Un principe est une proposition fondamentale sur laquelle on établit la suite de son argumentation ou de sa réflexion. (36, 38, 40, 64 et 82.)

Raisonnement

Le raisonnement est une opération de la raison qui consiste à enchaîner des jugements (exprimés sous forme de propositions) qui aboutissent à une conclusion. La forme du raisonnement par lequel Socrate conduit Criton à la conclusion est souvent disjonctive. Il sépare les idées en reliant les termes ou les phrases par des particules disjonctives telles que *ou bien …, ou bien*. (72.)

Raisonnement analogique
Voir *analogie*.

Raisonnement déductif
Le raisonnement déductif est un raisonnement par lequel on infère d'une ou plusieurs propositions tenues pour vraies des conséquences nécessaires. Le syllogisme est une déduction ; de deux propositions, que l'on nomme prémisses, on tire une conclusion qui découle nécessairement de ces propositions. (76 et 81.)

Réfutation
Une réfutation est une proposition ou un jugement par lequel on rejette ce qui est affirmé. On emploie ici ce terme pour désigner dans l'argumentation le raisonnement qui rejette l'objection faite à un argument. (28, 30 à 32 et 64.)

Résumé
Le résumé est une synthèse. Les principales idées doivent s'y retrouver ainsi que le sens et l'articulation du raisonnement. (93, 94, 95, 97, 99 et 107.)

Sentiments et valeurs (appel aux)
Pour être efficaces, des arguments peuvent faire appel à des sentiments et à des valeurs. Ainsi, Criton fait appel aux sentiments de Socrate et à ses valeurs (principes sur lesquels il fonde ses jugements et sa conduite). (26, 28, 33 et 34.)

Syllogisme
Voir *raisonnement déductif*.

Thème
Le thème est le sujet dont traite le texte. Il peut tenir dans un ou quelques mots. (1.)

Thèse
La thèse est une proposition que l'on cherche à défendre à l'aide d'*arguments*. (26, 95 et 103 à 106.)

Titre
Le titre sert à nommer un texte. Reflétant son contenu, il est en rapport direct avec celui-ci. Il tient en un ou quelques mots. Plusieurs choix sont possibles. (14 à 21, 23 et 26 à 34.)

SOLUTIONS DES EXERCICES D'ANALYSE

PORTANT SUR LES PARAGRAPHES 10 À 95 DU *CRITON*

Les concepts mis en gras sont expliqués dans l'annexe « Explication des exercices d'analyse ».

10

Exercice ~ Quels sont le **thème** et l'**idée principale** de ce paragraphe ?

Illustration ~

Thème : Le sommeil de Socrate.

Idée principale : Criton n'ose pas éveiller Socrate, dont il admire le calme malgré son malheur.

11

Exercice ~ Quel est l'**argument** de Socrate pour expliquer qu'il lui est normal de bien supporter son malheur ?

Illustration ~ On ne se révolte pas de devoir mourir à son âge.

12

Exercice ~ Quelle est l'**objection** de Criton ?

Illustration ~ Bien d'autres aussi âgés que Socrate se révoltent contre leur sort.

13

Exercice ~ Par quels **organisateurs textuels logiques** Socrate indique-t-il qu'il changera de sujet de conversation ?

Illustration ~ *Mais*, qui marque une transition.

14

Exercice ~ Donnez à ce paragraphe un **titre** qui évoque le contenu du texte.

Illustration ~ Une nouvelle fâcheuse.

26

Exercice ~ Dans ce paragraphe, dégagez la **thèse** et les arguments de Criton.

Illustration ~ Thèse : Socrate doit sauver sa vie.

Arguments :
1. Je serai privé d'un ami.
2. Beaucoup de gens croiront que j'aurais pu te sauver et que je ne m'en suis pas soucié, et j'aurai mauvaise réputation.

32

Exercice ~ **Formulez** en vos mots les propos de Criton.

Illustration ~ Ne t'inquiète pas, car ça ne coûtera pas cher pour te faire sortir d'ici. Ne sais-tu pas que les sycophantes sont faciles à acheter et qu'ils demandent peu pour se taire ? Ce que je possède est à ta disposition ; ça devrait suffire. Si tu m'aimes trop pour me voir dépenser ma fortune, d'autres amis sont prêts à participer aux dépenses. Simmias de Thèbes, par exemple, à déjà apporté suffisamment d'argent, ainsi que Cébès. Ne refuse pas de t'évader pour ménager la fortune de tes amis et ne crains pas, comme tu l'exprimais devant le tribunal, d'être démuni une fois sorti d'ici. Tu es attendu avec bienveillance à l'étranger et particulièrement en Thessalie où des gens sachant reconnaître ta valeur te protégeront.

36

Exercice ~ Quel est le premier argument qui servira à Socrate de **principe** sur lequel appuyer sa réflexion ?

Illustration ~ Parmi les opinions émises, il y en a dont il faut tenir compte et d'autres non.

38 et 40

Exercice ~ Quelle est la **fonction** des paragraphes 38 et 40 ?

Illustration ~ Ils complètent la proposition selon laquelle, parmi les opinions émises, il y en a dont il faut tenir compte et d'autres non.

42 à 62

Exercice ~ Reconstituez les **raisonnements analogiques** en faisant ressortir chacun des termes et la comparaison qui est faite.

Illustration ~

Premier raisonnement analogique :

La gymnastique est comparée à la justice ; le médecin est comparé au juge compétent en justice.

Le raisonnement est le suivant : comme il faut se fier au médecin dans les affaires qui concernent la gymnastique, il faut se fier à celui qui est compétent en justice dans les affaires qui concernent la justice.

Deuxième raisonnement analogique :

Désobéir à celui qui est compétent pour suivre l'opinion du grand nombre en gymnastique est comparé à désobéir à celui qui est compétent pour suivre l'opinion du grand nombre en ce qui concerne la justice. La dégradation de ce que la santé fortifie, soit le corps, est comparée à la dégradation de ce que la justice fortifie, soit l'âme. Le raisonnement est le suivant : la désobéissance au juge compétent en justice est à l'âme ce que la désobéissance au médecin compétent en gymnastique est au corps.

52

Exercice ~ **Définissez** le **concept** d'opinion dans son sens courant et dans le sens où l'emploie Platon. (Voir le glossaire.)

Illustration ~

Sens courant : L'attitude de l'esprit qui tient pour vraie une assertion. (*Le Petit Robert*)

Sens platonicien : La connaissance sensible par opposition à la connaissance intelligible. Elle a un statut intermédiaire entre l'ignorance et la connaissance vraie.

68

Exercice ~ Formulez en vos mots les principales idées émises dans ce paragraphe et dégagez-en le **concept clé**.

Illustration ~ Le concept clé est celui de justice.

72

Exercice ~ Reconstituez le **raisonnement** de Socrate.

Illustration ~ Le raisonnement est le suivant :

Ou bien, en aucune circonstance, il ne faut commettre l'injustice,	ou bien on peut le faire dans certains cas et dans d'autres non.
Ou bien commettre l'injustice n'est ni bien ni beau,	ou bien les principes dont nous avons convenu se sont effondrés.
Ou bien ces principes subsistent tels que nous les avons énoncés, que le grand nombre les accepte ou non,	ou bien des hommes âgés comme nous le sommes ont pu ne plus avoir conscience qu'ils parlaient comme des enfants.

72 à 76

Exercice ~ Repérez la **conclusion** à laquelle Socrate conduit Criton.

Illustration ~ Il ne faut pas répondre à l'injustice par l'injustice (puisqu'il ne faut jamais commettre l'injustice).

76

Exercice ~ Reconstruisez le **raisonnement déductif** en forme de **syllogisme** par lequel Socrate a pu arriver à déduire la présente conclusion.

Illustration ~ Le raisonnement est le suivant :

Première prémisse : Il ne faut jamais commettre l'injustice.

Seconde prémisse : Répondre à l'injustice par l'injustice est injuste.

Conclusion : On ne doit pas répondre à l'injustice par l'injustice.

Remarque : Socrate n'a pas senti le besoin d'émettre la seconde prémisse parce qu'elle est évidente.

81

Exercice ~ Reproduisez le **raisonnement déductif** en forme de **syllogisme** qui force Criton à répondre par la négative à la question de Socrate au paragraphe 80.

Illustration ~ Le raisonnement est le suivant :

Première prémisse : Le mal est injuste.

Seconde prémisse : Répondre au mal par le mal est mal.

Conclusion : Répondre au mal par le mal est injuste.

90

Exercice ~ À l'aide du dictionnaire, différenciez trois **définitions** possibles du concept de loi : dans son sens juridique, moral et scientifique.

Illustration ~

Sens juridique : Règle édictée par une autorité souveraine et imposée à tous les individus d'une société.

Sens moral : Ensemble de règles que tout être conscient et raisonnable se sent tenu d'observer.

Sens scientifique : Expression du rapport constant entre les phénomènes du monde physique, qui permet de prévoir que dans des circonstances données tel fait se produira nécessairement. (*Dictionnaire du français Plus*, Hachette).

93, 94 et 95

Exercice ~ Faites un **résumé** des paragraphes 93, 94 et 95 en moins de 10 lignes.

Illustration ~ Socrate n'a pas de raison de détruire les lois puisqu'il n'a rien à leur reprocher et qu'elles sont responsables de sa naissance et de son éducation. De plus, il est leur progéniture et ne peut prétendre être leur égal pour décider du juste et de l'injuste. Il ne peut leur rendre l'injustice pour l'injustice. La patrie est précieuse et sacrée et la justice veut que l'on se soumette à ses ordres ou qu'on la persuade de les changer.

LECTURES SUGGÉRÉES

AUROUX, Sylvain et Yvonne WEIL. *Vocabulaire des études philosophiques,* Paris, Hachette, 1993.

BRÉHIER, Émile. *Histoire de la philosophie, tome 1, Antiquité et Moyen Âge*, Paris, PUF, « Quadrige », 1981.

BRÛLÉ, Pierre. *Périclès, l'apogée d'Athènes,* Paris, Gallimard, coll. « Découvertes », 1994.

BRUNSCHWIG, Jacques. « Socrate », dans *Encyclopaedia Universalis*, Paris, Encyclopaedia Universalis, 1990.

CHAMOUX, François. *La civilisation grecque à l'époque archaïque et classique*, Paris, Arthaud, 1965.

CHÂTELET, François. *Platon*, Paris, Gallimard, coll. « Idées », 1965.

CHÂTELET, François. *Une histoire de la raison*, Paris, Seuil, coll. « Points », 1992.

DE ROMILLY, Jacqueline. *La loi dans la pensée grecque,* Paris, Les Belles Lettres, 1971.

DE ROMILLY, Jacqueline. *Pourquoi la Grèce ?,* Paris, Éditions de Fallois, 1992.

DIOGÈNE LAËRCE. *Vies, doctrines et sentences des philosophes illustres,* Paris, Garnier-Flammarion, 1965.

DUFRESNE, Jacques. *La démocratie athénienne, miroir de la nôtre,* Ayer's Cliff, Québec, La Bibliothèque de l'Agora, 1994.

DUMONT, Jean-Paul. *Les Présocratiques*, Paris, Gallimard, coll. « La Pléiade », 1988.

DUROZOI, Gérard et André ROUSSEL. *Dictionnaire de Philosophie*, Paris, Nathan, 1990.

ESSEIN, Ariane. *Les mythes grecs,* Paris, Belin, coll. « Sujets », 1993.

GAARDER, Jostein. *Le monde de Sophie*, Paris, Seuil, 1995. (roman philosophique)

GLOTZ, Gustave. *La cité grecque*, Paris, Albin Michel, coll. « L'Évolution de l'humanité », 1975.

GUTHRIE, W. C. K. *Les sophistes*, trad. J.-P. Cottereau, Cambridge, Cambridge University Press, 1971, Bibliothèque philosophique Payot, Éditions Payot, 1988.

HÉRODOTE. *L'Enquête*, III, dans Hérodote et Thucydide, *Œuvres complètes*, trad. A. Barguet, Paris, Gallimard, coll. « La Pléiade », 1964.

HÉSIODE. *Théogonie, Les Travaux et les Jours, Le Bouclier,* éd. et trad. Paul Mazon, Paris, Les Belles Lettres, coll. « Universités de France », 1972.

HOMÈRE. *Iliade,* trad. Paul Mazon, Paris, Gallimard, coll. « Folio », 1988.

HOMÈRE. *Odyssée,* trad. Philippe Jaccottet, Paris, Maspéro/La Découverte, 1982. L'édition Presses-Pocket (1990) reprend la traduction de Leconte de Lisle.

HUMBERT, Jean. *Socrate et les petits socratiques,* Paris, PUF, 1967.

IMBERT, Jean. *Le droit antique et ses prolongements modernes*, Paris, PUF, coll. « Que sais-je ? », 1961, 1994.

JAEGER, Werner. *Lettres d'humanité,* t. VIII, « Éloge de la loi », Paris, Les Belles Lettres, 1949.

JASPERS, Karl. *Introduction à la philosophie,* Paris, Union générale d'éditions, coll. « 10/18 », 1966.

JASPERS, Karl. *Les grands philosophes*, Paris, Librairie Plon, coll. « 10/18 », 1966.

KAUFMAN, Sarah. *Socrate(s)*, Paris, Galilée, 1989.

KUNZMANN, Peter, Franz-Peter BURKARD et Franz WIEDMANN. *Atlas de la philosophie*, Paris, Librairie générale française, coll. « La Pochothèque », 1993.

LAJTA, Hans. *La Grèce*, Berne, Kümmerly + Frey, Éd. Géographiques, 1980.

LERCHER, Alain. *Les mots de la philosophie*, Paris, Belin, coll. « Le français retrouvé », 1985.

LÉVÊQUE, Pierre. *La naissance de la Grèce*, Paris, Gallimard, coll. « Découvertes », 1990.

MAIRE, Gaston. *Platon*, Paris, PUF, coll. « Philosophes », 1970.

MATTON, S. et J. MONTENOT. *La philosophie au bac*, Paris, Hachette, coll. « Faire le point », 1993.

MEULEAU, Maurice. *Les Grecs*, Paris, Hachette Éducation, coll. « En savoir plus », 1994.

MOREAU, Joseph. « Platon », dans *Encyclopaedia Universalis*, Paris, Encyclopaedia Universalis, 1992.

MOSSÉ, Claude, *et al.* « Grèce », dans *Encyclopaedia Universalis*, Paris, Encyclopaedia Universalis, 1992.

PLATON. *Œuvres complètes*, Paris, Gallimard, coll. « La Pléiade », 1950.

PLATON. *Alcibiade majeur*, trad. Pierre-José About, Paris, Hachette, coll. « Œuvres et Opuscules philosophiques », 1980.

PLATON. *Apologie de Socrate, Criton, Phédon*, trad. R. Piettre, Paris, Librairie générale d'édition, coll. « Le livre de poche », 1992.

RACHET, Guy. *Dictionnaire de la civilisation grecque*, Paris, Larousse, 1992.

REVEL, Jean-François. *Histoire de la philosophie occidentale*, t. I, Paris, Stock, 1968.

REVEL, Jean-François. *Histoire de la philosophie occidentale, De Thalès à Kant*, Paris, Nil Éditions, 1994.

ROBIN, Léon. *Platon*, Paris, PUF, 1968.

RUSS, Jacqueline. *Dictionnaire de philosophie*, Paris, Bordas, 1991.

THUCYDIDE. *Histoire de la guerre entre les Péloponnésiens et les Athéniens*, Livre II, 37, dans *Œuvres complètes*, texte présenté, traduit et annoté par D. Roussel, Paris, Gallimard, coll. « La Pléiade », 1964.

VERNANT, Jean-Pierre. *Les origines de la pensée grecque*, Paris, PUF, 1962, 1992.

VERNANT, Jean-Pierre. *Mythe & société en Grèce ancienne*, Paris, François Maspero, 1974.

VIALATOUX, Jean. *Pour lire Platon*, Paris, Édition de l'école, 1965.

WOLFF, François. *Socrate*, PUF, coll. « Philosophies », 1985.

XÉNOPHON. *Œuvres complètes*, trad. Émile Chambry, Paris, Garnier-Flammarion, 1967.

GLOSSAIRE[1]

Âme, n.f. : Du latin *anima*, « souffle ». Le mot correspond au terme grec *psukhê* (psyché). Partie non physique de l'être, elle est la vraie cause, selon Platon ; elle préexiste au corps et lui survit ; elle est de même nature que les idées, ce qui permet d'atteindre ces dernières par la réminiscence (le souvenir). Chez Aristote, l'âme est le principe de vie distinct du corps.

Animisme, n.m. : Du latin *anima*, « souffle » (âme). Au sens courant, attitude qui consiste à attribuer une âme aux objets.

Anthropomorphisme, n.m. : Du grec *anthrôpos*, « homme », et *morphè*, « forme ». Attitude qui consiste à attribuer des caractéristiques humaines au monde des choses et des autres êtres vivants.

Apodictique, adj. : Du grec *apodeikticos*, « démonstratif ». Signifie « nécessaire ». Se dit d'un jugement exposant une évidence de droit et pas seulement de fait.

Apologie, n.f. : Du grec *apologia*, « défense ». Discours destiné à prendre la défense de quelqu'un ou de quelque chose. Signifie aussi « faire l'éloge ».

Aporie, n.f. : Du grec *aporia*, « qui est sans passage ». Impasse de la pensée. Chez Aristote, le mot désigne une difficulté résultant de l'égalité des raisonnements contraires ; il y a impossibilité d'opter pour l'un ou pour l'autre.

Argument, n.m. : Raisonnement tendant à prouver ou à réfuter un point de vue, une thèse.

Argumentation, n.f. : Ensemble des arguments destinés à soutenir ou à réfuter une thèse.

Beau, n.m. : Concept éthique s'appliquant à l'action conforme au savoir. L'honnête homme est celui qui est *kalos kai agathos* (beau et bon). Chez Platon, l'idée du Beau est rattachée à l'idée du Bien.

Bien, n.m. : Norme à laquelle se rattache le jugement moral que l'on porte sur une action ; il est l'un des trois concepts normatifs ; les deux autres sont le Vrai et le Beau. Selon Platon, l'idée du Bien est le principe premier ; les autres idées en découlent.

Bon, n.m. : Notion relative ; qui ne sert pas de norme pour le jugement. Ce qui est bon est relatif à chacun selon les sophistes. Selon Platon, ce qui est bien est bon pour l'homme et inversement ; ce qui est conforme à la nature humaine est ce qui est bon et aussi ce qui est bien.

Bonheur, n.m. : En grec *eudémonia*, mot dérivé de *daimōn*, « puissance divine ». État de satisfaction complète. Selon Platon, le bonheur dépend de la vertu, car il échoit à l'âme excellente, celle qui sait vivre selon sa nature propre. Notion fondamentale de l'eudémonisme, doctrine morale prenant le bonheur pour fin de l'action.

1. Les principaux outils ayant servi à faire le glossaire sont les suivants : Sylvain Auroux et Yvonne Weil, *Vocabulaire des études philosophiques*, Paris, Hachette Éducation, 1993 ; Paul Foulquié, *Dictionnaire de la langue philosophique*, Paris, PUF, 1969 ; Gérard Legrand, *Vocabulaire Bordas de la philosophie*, Paris, Bordas, 1986 ; André Lalande, *Vocabulaire technique et critique de la Philosophie*, Paris, PUF, 1926, 1983 ; Gérard Durozoi et André Roussel, *Dictionnaire de Philosophie*, Paris, Nathan, 1990 ; André Jacob (directeur), *Encyclopédie philosophique universelle II, Les notions philosophiques*, volume dirigé par Sylvain Auroux, Paris, PUF, 1990.

Concept, n.m. : Du latin *conceptus* relié au verbe *concipere*, « concevoir ». Unité minimale de la représentation mentale, le concept est issu de l'abstraction et de la généralisation à partir des objets particuliers. Le jugement est la mise en relation des concepts. Ces derniers possèdent une compréhension et une extension. Socrate cherche, à l'aide du dialogue, à définir les concepts par induction.

Conséquence, n.f. : Du latin *consequentia*, dérivé de *sequi*, « suivre », et *cum*, « avec ». Relation logique qui rattache la conclusion aux prémisses.

Courage, n.m. : Chez Platon, une des quatre vertus cardinales qui définissent la perfection morale : la sagesse, le courage, la tempérance et la justice. Le courage est une qualité émanant du cœur. Il est la force de l'âme qui permet à la fois la patience dans la souffrance et la bravoure face au danger.

Déduction, n.f. : Du latin *deductio,* dérivé de *ducere*, « conduire » et de *de*, « à partir de ». Raisonnement qui conduit de plusieurs propositions prises comme prémisses vers une proposition qui est la conséquence logiquement nécessaire.

Définition, n.f. : Du latin *definitio,* dérivé de *fines*, « limite ». Opération de l'esprit réunissant les caractéristiques essentielles d'une chose, d'un être ou d'une qualité afin de les délimiter et de les reconnaître. Une bonne définition réunit les caractéristiques qui s'appliquent à tous les objets considérés et qui ne peuvent s'appliquer ensemble à d'autres objets.

Démon, n.m. : Du grec *daïmon*, « puissance divine ». Puissance spirituelle possédant une connaissance supérieure à celle des humains et qui intervient pour les tromper ou les aider. Le démon de Socrate possède la connaissance morale et intervient pour l'aider.

Démonstration, n.f. : Déduction visant à prouver la vérité d'une proposition prise comme conclusion en s'appuyant sur des prémisses admises comme vraies.

Devenir, n.m. : Le changement en tant que passage d'un état à un autre. Chez Héraclite, il s'oppose à l'être immuable de Parménide.

Dialectique, n.f. : Du verbe *dialeguesthaï*, qui signifie « controverser ». Méthode d'interrogation supposant la discussion et la confrontation d'opinions adverses dans le but d'accéder à la vérité. Chez Platon, la dialectique est étroitement liée au passage de la connaissance sensible à la connaissance intelligible.

Dialogue, n.m. : Du grec *dialegein*, parler « à travers ». Échange d'arguments et d'objections entre deux interlocuteurs. Il est, chez Platon, le support de la dialectique ; c'est par le dialogue que les interlocuteurs progressent vers la vérité.

Discours, n.m. : Expression de la pensée rationnelle qui s'effectue par une suite d'opérations élémentaires partielles et successives. On distingue divers types de discours, dont le discours religieux, le discours scientifique et le discours philosophique.

Discursif, ive, adj. : Caractérise toute opération de pensée qui atteint son but par une série d'opérations s'enchaînant les unes les autres. Le terme s'oppose à *intuitif*. L'ensemble des opérations discursives constitue la pensée discursive.

Droit, n.m. : Du terme grec *dikaïon* provenant de *dikè*, « usage, manière d'être, justice, procès, châtiment ». Le terme latin est *jus*. Dans un premier sens, signifie ce qui est juste. Dans un second sens, signifie ce qui est permis. Au sens ancien, contient l'idée de partage, de répartition entre les individus (droit privé) ou les groupes (droit public). Dans un sens dérivé, le droit s'oppose au fait ; ce qui est en droit découle de la logique sans s'appuyer sur les faits.

Dualisme, n.m. : Doctrine qui, relativement à une question donnée, soutient l'existence de deux mondes ou de deux principes irréductibles ; par exemple le dualisme âme-corps comme principe explicatif de la nature humaine et le dualisme idée-matière chez Platon.

Empirisme, n.m. : Théorie philosophique selon laquelle tout notre savoir procède de l'expérience. Méthode qui ne repose que sur l'expérience et exclut les systèmes a priori.

Entendement, n.m. : Faculté de comprendre, de saisir par l'intelligence. Chez Platon, l'entendement sert à l'élaboration de la science alors que c'est la raison qui connaît les idées.

Esprit, n.m. : En grec *pneuma*, qui signifie « substance immatérielle », et *noûs*, qui signifie « intelligence ». Chez les Grecs, le *noûs* est le principe de la pensée, de l'âme et de toute autre réalité immatérielle.

Essence, n.f. : En grec, *oùsia*, et en latin, *essentia*, dérivé de *esse*, « être ». Ce qui forme le fond de l'être par opposition à l'accident, qui en est une modalité superficielle. Pour Platon, cette entité immatérielle est la réalité.

Éthique, n.f. : Du grec *éthos*, « coutume ». Art de diriger la conduite humaine, étude des principes guidant l'action libre. Partie de la philosophie qui étudie les morales.

Eudémonisme, n.m. : Doctrine morale ayant pour principe que le but de l'action est le bonheur individuel ou collectif.

Fait, n.m. : Donnée de l'expérience ; ce qui est, par opposition à ce qui est supposé être ; le fait s'oppose à la théorie et la confronte. En termes de jugement, ce qui est en fait (*de facto*) s'oppose à ce qui est en droit (*de jure*).

Idée, n.f. : Du grec *idea* et *eidos*, qui signifient à la fois « forme » et « idée ». Chez Platon (dans les dialogues socratiques), l'Idée est une forme intelligible qui est l'essence des choses ; elle est éternelle et immuable ; l'âme peut connaître les Idées par la réminiscence parce qu'elle les a contemplées avant d'être incarnée ; l'Idée suprême est celle du Bien.

Induction, n.f. : Processus de pensée qui permet de passer de propositions singulières à des propositions plus générales ou universelles. Processus qui permet de passer de certains indices au fait probable.

Inférence, n.f. : Opération par laquelle on admet la vérité ou la fausseté d'une proposition en vertu de son lien avec d'autres propositions considérées comme vraies ou fausses.

Intuition, n.f. : Du latin *intueri*, « voir ». Mode de connaissance par lequel l'objet connu est immédiatement et totalement présent à l'esprit. L'intuition s'oppose aux connaissances discursives et déductives.

Ironie, n.f. : Du grec *erôneia*, désignant l'action d'interroger en feignant l'ignorance. C'est une méthode propre à Socrate.

Isonomie, n.f. : Du grec *isos*, « égal », et *nomos*, « ce qui est attribué en partage, usage, loi ». Signifie « égalité devant la loi ».

Jugement, n.m. : En logique, opération de l'esprit consistant à poser l'existence d'une relation entre deux ou plusieurs termes. Le jugement se présente sous la forme d'un sujet uni à un prédicat (attribut) par l'intermédiaire d'une copule. En droit, décision du juge après l'audition d'une cause. Par extension, appréciation portée sur la valeur des personnes ou des choses et sur la vérité d'une affirmation.

Juste, adj. : Du grec *dikaios*. Qualifie ce qui est conforme à la règle de droit et à l'idée même de justice au sens moral. Se dit aussi de la conformité à la réalité, à la vérité, aux règles de la raison (au sens d'« exact »).

Justice, n.f. : Concept qui signifie la disposition morale à faire le bien et le caractère de ce qui est conforme à la règle de droit.

Liberté, n.f. : Au sens politique, pour les Anciens, condition de celui qui jouit des institutions d'une cité (*polis*), qui n'est pas esclave ou prisonnier, qui ne subit pas les contraintes de l'État. Au sens philosophique et moral, état de la personne qui décide en connaissance de cause et qui agit conformément à ce qu'elle veut. L'indépendance se traduit en grec par *autonomia*.

Logique, n.f. : Science du raisonnement et des lois de la pensée dans la détermination de la validité des jugements qu'elle porte. La logique formelle étudie les concepts, les jugements et les raisonnements afin d'établir leur validité, leurs propriétés, leurs enchaînements et les conditions de leur application ou de leur exclusion réciproque. Manière de raisonner telle qu'elle s'exerce en fait. La logique s'intéresse traditionnellement à la vérité ou à la fausseté des jugements et à l'enchaînement de ces derniers dans un raisonnement.

Logos, n.m. : Mot grec signifiant « parole », « langage », « discours » (surtout en prose) et « raison », « avis », « cause », « compte », « proportion » ; dérivé de *legein* : « rassembler, cueillir, choisir », d'où « compter, raconter, dire ». Ce mot entre dans la philosophie avec Héraclite pour désigner la raison commune à tous les êtres, l'ordre des choses et le principe du monde.

Loi, n.f. : En Grèce antique, la loi au sens de *nomos* est humaine et ne doit rien à la révélation, à la différence des *thesmoi*, qui sont des prescriptions rituelles et législatives, établies par les dieux et transmises oralement au cours des générations. La loi est l'énoncé de ce qui doit être et dont la transgression est punissable. Elle a un sens juridique, imposé par l'usage, la coutume, la tradition ou la promulgation. Elle a un sens moral comme norme idéale à laquelle il faut se conformer. Elle désigne aussi la formule générale permettant de déduire des faits.

Maïeutique, n.f. : Du grec *maïa*, « sage-femme », et *maïeutikê*, « art d'accoucher ». Procédé de Socrate qui, à l'instar de sa mère qui était sage-femme, lui permet d'« accoucher » les esprits, c'est-à-dire de faire (re)découvrir à ses interlocuteurs des vérités qu'ils portent en eux sans le savoir.

Matérialisme, n.m. : Toute doctrine qui affirme que la seule réalité fondamentale est la matière et que toute autre réalité y est réductible. Le matérialisme s'oppose à l'idéalisme, doctrine qui tend à ramener la réalité des choses aux idées ou à la conscience du sujet qui les pense. La philosophie de Platon est une philosophie idéaliste.

Monisme, n.m. : Doctrine qui considère que l'ensemble des choses est réductible à l'unité. Le monisme s'oppose au dualisme.

Morale, n.f. : Tout ensemble de règles concernant les actions permises ou défendues, et généralement suivies dans une société; tout système de prescriptions, d'attitudes, de jugements concernant le bien et le mal; ensemble des règles de conduites tenues pour inconditionnellement valables.

Mythe, n.m. : Du grec *muthos*, « récit », « légende ». Récit fabuleux, transmis par la tradition, rattachant l'origine d'une activité humaine à l'invention d'un dieu ou d'un héros, et possédant souvent, dans les sociétés archaïques, une fonction de cohésion sociale.

Objectivité, n.f. : Du latin *objectivus*, de *objectum*, « objet ». Étymologiquement, le mot *objet* signifie « ce qui est jeté devant », il s'oppose alors au sujet. Conformité entre la pensée et le réel, par opposition à subjectivité*. On dira, en ce sens, que les Idées platoniciennes sont objectives.

Ontologie, n.f. : Du grec *ontos*, « être », et *logos*, « savoir ». Science de l'être véritable.

Opinion, n.f : Au sens large, point de vue, idée qu'on a sur un sujet donné. Pour Platon, l'opinion (*doxa*) a un statut intermédiaire entre l'ignorance et la connaissance vraie.

Passion, n.f. : Du latin *passio*, « souffrance ». État affectif assez puissant pour dominer la vie de l'esprit, par l'intensité de son effet ou par la provenance de son action. La passion désigne l'excès et le dérèglement des désirs. Les passions, dans la pensée de Platon, ne sont pas inhérentes à notre nature : elles naissent de l'abandon et de l'abdication de nous-mêmes.

Pensée, n.f. : Du latin *pensare*, « peser », « juger ». Au sens le plus large, ensemble des phénomènes de l'esprit. Plus ordinairement, ensemble des phénomènes cognitifs (par opposition aux sentiments et aux désirs). Au sens le plus propre, entendement et raison, en tant qu'ils permettent de comprendre ce qui constitue la matière de la connaissance, en tant qu'ils réalisent un degré de synthèse plus élevé que la perception, la mémoire ou l'imagination. Platon, dans *Le Sophiste*, la définit par le dialogue silencieux de l'âme avec elle-même.

Philosophie, n.f. : Du grec *philos*, « ami », et *sophos*, « sagesse ». Chez Platon, la philosophie consiste à suivre une démarche rationnelle permettant de passer des fausses certitudes de la connaissance sensible aux connaissances véritables du monde des idées. La philosophie est une activité proprement intellectuelle ou spirituelle. Elle est un savoir rationnel, une science, au sens le plus général du mot (Aristote). On peut aussi définir la philosophie, comme le propose André Lalande, comme « un ensemble d'études ou de considérations présentant un haut degré de généralité, et tendant à ramener soit un ordre de connaissance, soit tout le savoir humain, à un petit nombre de principes directeurs. » La philosophie s'oppose à la religion, du fait que la première repose sur l'expérience et la raison, et que la seconde s'appuie sur la révélation et la foi.

Platonisme, n.m. : Philosophie de Platon. Transmission, influence et renaissance de cette philosophie à travers l'histoire de la pensée philosophique et religieuse.

Prémisse, n.f. : Du latin *praemissa*, « proposition mise en avant ». Proposition servant à établir une conclusion. Dans un syllogisme, les prémisses, généralement au nombre de deux (majeure et mineure), constituent l'antécédent du raisonnement déductif par opposition à la conclusion qui en découle.

Présocratique, adj. : Du point de vue de l'histoire, se dit d'un mouvement de pensée qui se développe du ~VIIe au ~Ve siècle en bordure de la Grèce continentale : Asie Mineure (Ionie, Éphèse), îles voisines de la côte asiatique de la mer Égée (Chios, Samos, Rhodes), Sicile et Italie du Sud (Agrigente, Crotone, Tarente, Élée).

Principe, n.m. : Du latin *principium*, « commencement ». Cause, origine ou élément constituant. Principes rationnels, vérités fondamentales sur lesquelles s'appuie tout raisonnement. Au sens moral, règle d'action s'appuyant sur un jugement de valeur et constituant un modèle, une règle ou un but.

Raison, n.f. : Du latin *ratio*, « calcul », « compte ». Faculté de raisonner, c'est-à-dire de former des concepts abstraits, de les combiner. La raison est, pour Aristote, un signe distinctif de l'humanité : il définit l'être humain comme un animal raisonnable. La connaissance rationnelle s'oppose à la connaissance révélée, objet de la foi.

Rationalité, n.f. : Caractère de tout ce qui est rationnel, qui relève de l'exercice de la raison. La rationalité est liée au fait que la démarche rationnelle prend la raison pour fin. Abstraitement, elle suppose : 1) le principe de non-contradiction ; 2) l'autonomie de la raison par rapport à tout autre principe susceptible de la transcender (autorité, passion, révélation, sensibilité) ; 3) le principe que la réalité est totalement intelligible ; 4) l'universalité de la raison.

Rationnel, adj. : Conforme aux exigences de la raison (bon sens, logique, communicabilité).

Relativisme, n.m. : Toute doctrine qui, niant l'existence d'une vérité absolue, admet la relativité de la connaissance. Le relativisme s'oppose au dogmatisme et au scepticisme.

Religion, n.f. : Du latin *religare*, « relier ». Institution sociale caractérisée par l'existence d'une communauté d'individus unis : 1) par l'accomplissement de certains rites réguliers et par l'adoption de certaines formules ; 2) par la croyance en une valeur absolue, croyance que cette communauté a pour objet de maintenir ; 3) par la mise en rapport de l'individu avec une puissance spirituelle supérieure à l'humanité.

Réminiscence, n.f. : Chez Platon, théorie qui affirme que l'âme, avant son séjour terrestre, a eu toute connaissance et, dès lors, que le savoir n'est rien d'autre qu'un ressouvenir, l'ignorance résidant dans l'oubli.

Sagesse, n.f. : Du grec *sophia* et du latin *sapientia*, le mot, à l'origine, désigne la connaissance et ne perd jamais entièrement ce sens ; toutefois, très tôt, les domaines du savoir furent délimités et la connaissance théorique prit les noms d'opinion et surtout de science et de philosophie. Pour Platon et Aristote, la *sophia* est bien le terme ultime de la connaissance, la contemplation du Bien subsistant ou de l'Être premier. Le terme *sagesse* peut aussi être traduit par *phrónēsis*, qui désigne la perspicacité de l'intelligence dans le discernement de ce qu'il convient de faire. La *phrónēsis* est déterminante dans l'acquisition des vertus telles que le courage, la justice et la tempérance.

Sceptique, n.m. : Qui professe le scepticisme, doctrine d'après laquelle l'esprit humain ne peut atteindre avec certitude aucune vérité.

Science, n.f. : Ensemble de connaissances et de recherches ayant un degré suffisant d'unité, de généralité, et susceptibles d'amener les êtres humains qui s'y consacrent à des conclusions concordantes, qui ne résultent ni de conventions arbitraires, ni des goûts ou des intérêts individuels qui leur sont communs, mais des relations objectives qu'on découvre graduellement, et que l'on confirme par des méthodes de vérifications définies. Platon ne réserve le nom de science (*épistémè*) qu'au terme ultime du parcours cognitif, l'opposant même à la connaissance discursive qu'est la géométrie.

Socratique, adj. : Se dit des amis et des disciples de Socrate, les successeurs qui se sont inspirés de ses idées morales même s'ils s'en sont considérablement éloignés, ainsi que des écrits de ces philosophes.

Sophisme, n.m. : Du grec *sophistikos*, « pensée des sophistes » Argument valide en apparence, mais en réalité non concluant, qu'on avance pour faire illusion aux autres.

Sophiste, n.m. : Du grec *sophistês*, « personne habile ou savante en quelque matière ». Sans intention péjorative, celui qui fait profession d'enseigner la sagesse et l'habileté. À partir de l'époque de Platon et surtout de celle d'Aristote, ce mot prend un sens nettement défavorable pour désigner celui qui use habituellement de sophismes.

Subjectivité, n.f. : Caractère de ce qui appartient au sujet. État de celui qui considère les choses d'une manière subjective en donnant la primauté à ses états de conscience. Domaine des réalités subjectives : la conscience, le moi. S'oppose à l'objectivité.

Syllogisme, n.m. : Au sens large, tout raisonnement déductif rigoureux et qui ne suppose aucune proposition étrangère sous-entendue.

Théorie, n.f. : Du grec *theôreîn*, « observer ». Ensemble des connaissances organisées rationnellement. La théorie s'intéresse particulièrement aux propositions, aux classes d'objets, aux lois qui les unissent ; en ce sens, la théorie a un caractère d'abstraction qui l'oppose à la pratique, c'est-à-dire à la réalisation concrète, dans l'action, des produits de la théorie.

Utilitarisme, n.m. : Doctrine philosophique selon laquelle l'utile est le principe de toutes les valeurs, dans le domaine de la connaissance et dans le domaine de l'action.

Vérité, n.f. : Du latin *veritas*, de *verus*, « vrai ». Ce à quoi l'esprit peut donner son assentiment par suite d'un rapport de conformité avec l'objet de pensée, d'une cohérence interne de la pensée ; connaissance à laquelle on attribue la plus grande valeur (opposé à erreur, illusion). Au sens philosophique, chez les Grecs, par exemple, conformité de l'être, de l'objet avec un type, un idéal ou avec l'Idée (dans la pensée platonicienne) que nous nous faisons de cet objet.

Vertu, n.f. : Du latin *virtus*, et de *virtutis*, « force virile ». Force, qualité morale, disposition à faire le bien ; force morale appliquée à suivre la règle, loi morale définie par la religion, la société. Pour Platon, le sens du mot *vertu*, qui est associé à la pratique du bien, désigne la qualité propre d'une personne ou d'une chose. Les vertus principales sont, pour Platon, la sagesse, le courage, la tempérance et la justice.

Volonté, n.f. : Ce que veut quelqu'un et qui tend à se traduire par une décision effective conforme à une intention. Capacité de se déterminer soi-même et de persévérer dans l'action.

Vrai, vraie, adj. : Qualifie les énoncés qui s'imposent à l'assentiment par suite soit de leur rigueur logique, soit de leur correspondance avec ce qui est perçu.

INDEX

Sont relevés dans cet index les concepts clés traités dans l'ouvrage, certains mots définis en marge du texte et les mots mis en couleur dans les annexes.

A

B

C